협동조합이
뭐예요?

세계 협동조합 이야기
협동조합이 뭐예요?

1판 1쇄 펴냄 2018년 11월 15일
지은이 이정은
그린이 서선미
펴낸이 정해운
디자인 Design Group All

펴낸곳 가교출판
등록 1993년 5월 20일(제201-6-172호)
주소 서울 성북구 성북로9길 38 401호
전화 02-762-0598~9 | **팩스** 02-765-9132
전자우편 gagiobook@hanmail.net
홈페이지 http://가교출판사.kr

글 ⓒ이정은 2018
그림 ⓒ서선미 2018

ISBN 978-89-7777-244-1 73300

• 이 책의 글이나 그림을 재사용하려면 반드시 저작권자와 가교출판 양측의 동의를 얻어야 합니다.
• 잘못된 책은 구입하신 서점에서 바꾸어 드립니다.

책과 마음을 잇겠습니다 | 가교출판

세계 협동조합 이야기

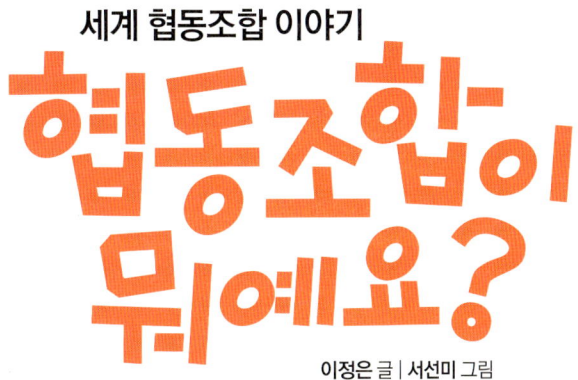
협동조합이 뭐예요?

이정은 글 | 서선미 그림

가교출판

프롤로그

협동조합이 뭐예요?

똘똘 뭉쳐라, 협동하는 경제

운동장 한복판에서 줄다리기 한판이 벌어졌어.

"으쌰, 으쌰!"

푸른색 유니폼을 입은 사람들은 구령에 맞춰 있는 힘껏 줄을 잡아당겼어. 밧줄을 움켜쥔 손이 얼얼했지만, 누구도 손을 떼지 않았지. 모두가 머릿속에 번쩍번쩍 빛나는 우승컵을 떠올리고 있었으니까!

이렇게 서로의 마음과 힘을 하나로 합치는 것을 '협동'이라고 해. '협동'은 다양한 모습으로 우리 사회에 존재해. 일을 해서 돈을 벌고, 가게에서 상품을 사는 경제생활 속에서도 찾을 수 있지. 혹시 '협동조합'이란 말을 들어본 적 있니?

협동조합은 같은 목표나 목적을 가진 사람들이 모여 사업을 하는 단체야. 하지만 우리가 흔히 떠올리는 기업들과는 다른 점이 많아. 협동조합은 다른 기업처럼 이윤을 최대한 많이 남기기 위해서 사업을 운영하지 않아. 대신 협동조합에 참여하는 사람들, 즉 '조합원'들이 만족할 수 있는 사업을 해. 조합원들은 같은 목적을 이루기 위해 스스로 모인 사람들이거든.

조합원들은 목적에 따라 다양한 협동조합을 만들어. 믿고 먹을 수 있는 친환경 먹거리를 구입하거나, 정성껏 재배한 농산물을 제값에 판매하기 위해서 협동조합을 결성하지.

협동조합 대표 선수!

**소비자 협동조합 | 생산자 협동조합 | 노동자 협동조합
신용 협동조합 | 사회적 협동조합**

세계에서 널리 운영되고 있는 대표적인 다섯 종류의 협동조합에 대해서 알아볼까?

먼저 '소비자 협동조합'은 소비자들이 좋은 품질의 상품이나 서비스를 저렴한 가격에 구입하기 위해 만든 협동조합이야. 보통 질 좋은 상품을 공동으로 구매해서 협동조합 매장을 통해 조합원들에게 판매해.

소비자들이 구입하는 물건을 생산하는 사람들도 협동조합을 만들어. 농부, 어부와 같은 생산자들은 협동조합을 통해 농산물, 수산물 등을 공동으로 유통하고 판매해. 생산자들은 유통

비용을 줄여서 더 많은 수입을 안정적으로 올릴 수 있어. 이를 '생산자 협동조합'이라고 하지.

노동자들이 만든 '노동자 협동조합'도 있어. 노동자들이 직접 경영에 참여해서 정당한 임금을 받으며 튼튼한 일자리를 지켜 나가지. 이밖에도 조합원들이 함께 목돈을 모아 신뢰를 바탕으로 돈을 빌리고 갚는 '신용 협동조합'이 있어.

이들 네 개의 협동조합과는 조금 성격이 다른 협동조합도 있어. 바로 가장 최근에 생긴 '사회적 협동조합'이야. '사회적 협동조합'은 조합원들과 지역 사회 모두를 위해 만들어져. 예를 들어, 협동조합은 몸이 불편한 노인이나 장애인 등 사회 취약 계층을 돌보는 복지 사업을 하고, 조합원들은 그 사업을 통해 일자리를 갖게 되는 거야.

협동조합을 운영하는 방법과 조합원의 힘!

사업을 운영하는 방식도 기업과 협동조합은 차이가 있어. 협동조합은 조합원 모두가 조금씩 낸 돈을 바탕으로 사업을 해. 이를 '출자금'이라고 불러. 기업과 달리 조합원 모두가 투자자인 셈이야. 그래서 협동조합은 조합원이 공동으로 소유해. 조합원 모두가 주인이 되는 거지.

조합원들은 협동조합 운영에도 참여해. 어떤 사업을 언제, 어떻게 할지 함께 결정하지. 모든 조합원들은 민주적으로 한 사람당 한 표씩 투표할 수 있는 권한을 가져. 출자금 액수에 상관없이 말이야. 그리고 모든 조합원이 참여하는 회의를 열거나, 조합원들이 투표로 뽑은 대표들을 통해 의견을 조율해.

　협동조합이 운영하는 사업을 통해 얻은 수익은 조합원들이 나눠 가지는데, 이를 '배당'이라고 해. 출자금의 액수와 상관없이 협동조합을 더 자주, 많이 이용한 조합원이 더 많은 배당을 받을 수 있어.

　이렇게 조합원들이 똘똘 뭉쳐 꾸려나가는 협동조합에는 많은 사람들의 이야기가 담겨 있어. 열심히 일하는 부모님의 이야기, 동네 골목을 오래도록 지켜온 가게 주인의 이야기 그리고 경제적 어려움을 겪고 있는 가족과 어린이들의 이야기도 있지. 앞으로 펼쳐질 열 개의 이야기를 통해 사람들이 왜 협동조합을 시작하는지, 누가 조합원으로 참여하는지, 그리고 과연 협동조합을 통해 조합원들은 원하는 목적을 이뤘을지 우리 함께 알아보자.

차례

1장
소년공 프랭크와 수상한 밀가루 로치데일 협동조합 11

2장
기차에 실린 오렌지의 비밀 썬키스트 협동조합 33

3장
깡통을 차는 소년 이케르 몬드라곤 협동조합 49

4장
구멍 난 지갑 채우기 데자르뎅 협동조합 73

5장
엄마의 하루, 모나카의 하루 카디아이 협동조합 93

6장
가지 마, 형! 한살림 협동조합 111

7장
미래를 준비하는 사람들 윤데 마을 협동조합 ············ 129

8장
꼬마 로빈의 거리 브리스톨 파운드 협동조합 ········· 149

9장
에투의 달콤 쌉싸래한 초콜릿 쿠아파 코쿠 협동조합 ···· 167

10장
나도 할 수 있을까? 말레이시아 학교 협동조합 ········· 187

 1 로치데일 협동조합

소년공 프랭크와 수상한 밀가루

고개를 떨어뜨린 아빠를 보자 프랭크는 눈물이 터져 나왔어.
"꼬르륵-, 꼬르륵-"
눈치 없는 프랭크의 배도 따라 울었어.
왜 열심히 일한 프랭크네 가족은 모래가 섞인 밀가루를 사야만 하는 걸까?

　1840년, 영국 랭커셔 주에 위치한 작은 마을 로치데일은 마을 전체가 하나의 큰 공장 같았어. 도시 곳곳에 높이 솟은 직물 공장 굴뚝에서는 매캐한 연기가 끊임없이 피어올랐지. 부드럽고 튼튼한 플란넬 옷감이 전국적으로 엄청난 인기를 누렸거든. 직공들은 하루 종일 일했지만 턱없이 적은 주급을 받았어. 그래서 온 식구가 끼니를 때우려면 어른은 물론이고 어린아이들까지도 일을 해야 했어. 올해 열한 살이 된 소년공 프랭크처럼 말이야.
　"끼이이-익! 끼이익!"

날카로운 기계 소리가 한 직물 공장 안에 울려 퍼졌어. 그제야 프랭크는 정신이 번쩍 들었어. 하얀 크림과 알록달록한 과일을 듬뿍 얹은 파이 생각에 푹 빠져 있었거든.

'무슨 맛일까? 딱 한입만 먹어봤으면……. 엄청 맛있겠지?'

파이 가게는 프랭크가 일하는 공장으로 가는 길목에 있어. 그래서 아침마다 활짝 열린 문에서 솔솔 풍겨오는 달콤한 파이 냄새가 프랭크를 괴롭혀. 프랭크는 고작 맹물 한 잔 마시고 집을 나섰으니까 말이야.

"꼬르륵-."

배고픔에 쓰린 배를 몇 번 쓰다듬기도 전에 조셉 아저씨의 불호령이 떨어졌어.

"야, 이 얼빠진 녀석아, 당장 실패를 갈아 끼우지 못해! 실이 엉켰다가는 주급에서 몽땅 깎아버릴 줄 알아!"

"죄… 죄송해요, 아저씨."

프랭크는 작동을 멈춘 방적기 앞으로 얼른 달려갔어. 방적기는 실을 만드는 기계야. 굵게 실을 꼬아 둥근 실패에 감지. 실패가 빙글빙글 돌며 실을 두툼하게 감으면 얼른 새 실패로 바꿔 끼워야 해. 그런데 딴생각을 하다 그만 실이 다 감긴지도 몰랐지 뭐야.

"아얏!"

프랭크는 허겁지겁 기계에 새 실패를 갈아 끼우다 뾰족한 막대 윗부분에 손가락을 베고 말았어. 눈물이 찔끔 났지만 프랭크는 때 묻은 셔츠 자락으로 손가락을 꾹 누른 채 기계를 다시 작동시켰어. 한두 번 있는 일도 아니었거든.

어른 손바닥만 한 창밖에 없는 컴컴한 공장 안에는 각종 기계가 빽빽하게 들어서 있어. 바닥에는 실 뭉치와 완성된 옷감들이 발 디딜 틈 없이 쌓여 있지. 직공들은 넘어지거나, 기계에 부딪히기 일쑤였어. 게다가 사방에서 날리는 먼지와 탁한 공기 때문에 폐가 망가져 일 년 내내 기침을 달고 살기도 했어. 그러나 공장 주인은 기계를 한 대라도 더 들여놓기를 원했어. 더 많은 플란넬 옷감을 만들어낼 수 있도록 말이야.

실패가 잘 돌아가는 걸 확인하고 나서야 프랭크는 욱신거리는 손가락을 들어 호호 불었어. 그러면서 아빠의 상처투성이 손을 떠올렸지. 아빠도 직물 공장에서 수년째 일하고 있어. 늦은 밤까지 일하고 집에 돌아오면 프랭크도 아빠도 모두 딱딱한 침대 위에서 골아 떨어져.

그나마 프랭크네 집 사정은 나은 편이었어. 함께 일하는 토비는 혼자 돈을 벌고 있거든. 토비네 아빠는 주급을 올려달라고 파업에 나섰다가 그만 공장에서 쫓겨나고 말았어. 토비는 딱딱한 침대조차 없어서 삐걱거리는 마룻바닥에서 자야 했어.

그날 저녁, 프랭크는 공장 정문에서 아빠를 기다렸어. 오늘이 주급을 받는 날이어서 함께 식료품 상점에 가기로 했거든. 밀린 외상값도 갚고, 빵을 구울 밀가루도 사기로 했지!

"어서 가자꾸나. 몰리가 집에서 목이 빠지게 기다리고 있을 거다."

프랭크도 신이 나서 아빠의 손을 잡고 걸음을 재촉했어. 윤기 좌르르 흐르는 파이는 아니지만, 오늘은 엄마가 직접 구운 식빵을 먹을 수 있을 테니까. 식탁에서 신선한 빵을 구경 못한 지도 열흘이 넘었지 뭐야.

아빠는 왓슨 씨의 상점으로 향했어. 가게는 일주일 동안 먹을 밀가루, 버터, 설탕 등을 사려는 직공들로 북적였어. 프랭크도 아빠와 함께 얼른 밀가루 사는 줄에 섰어.

"밀가루 2킬로그램 주시오. 2킬로그램요!"

퉁명스러운 표정의 점원은 작은 자루에 밀가루를 퍼 담기 시작했어. 아빠와 프랭크는 점원의 손길에서 눈을 떼지 않았어. 걸핏하면 손님을 속여 밀가루를 정량보다 적게 담아 주었거든. 무게를 속여 더 많은 이익을 남기기 위해서 말이야. 화가 난 손님들이 항의를 해도 오히려 이만한 가격에 밀가루를 파는 걸 고마워하라고 큰 소리를 쳤어.

그런데 웬일인지 오늘은 점원이 밀가루 자루를 저울에 올려놓았어. 바로 눈앞에서 말이야.

"나 원 참, 그렇게 쳐다보다 눈 찢어지겠소! 걱정 마쇼. 내가 저울에 딱 달아줄 테니까."

저울 바늘이 빙그르 돌더니 정확히 2킬로그램을 가리켰어. 안심한 프랭크와 아빠는 엄마와 몰리가 기다리는 집으로 서둘러 돌아갔어.

프랭크는 엄마를 도와 반죽을 하려고 밀가루를 체에 곱게 내렸어. 그런데 그릇에 담기는 밀가루의 양이 너무 적었어. 프랭크는 있는 힘껏 체를 흔들어 보았어. 하지만 체에는 누르스름한 알갱이들만 가득 끼어 있지 뭐야!

"어, 밀 껍질인가? 아님 다른 가루가 섞였나?"

프랭크는 체에 남은 알갱이를 찍어 입으로 가져갔어.

"퉤퉤!"

프랭크는 인상을 찌푸리며 뱉어냈어. 모래였거든!

"에구머니나! 이게 뭐야? 석회암 가루를 섞어 무게를 늘린다는 소문이 돌더니만!"

"이런, 사기꾼들! 이번엔 내 눈앞에서 저울로 밀가루 무게를 달아줘서 믿었는데!"

아빠는 벌게진 얼굴로 밀가루가 담긴 그릇을 식탁에 쾅! 하고 내려놓았어.

"진짜 밀가루는 고작 몇 줌도 안 돼요. 어쩌죠? 이걸로는 사흘도 못 먹겠어요."

엄마의 울먹임에 아빠는 씩씩거리며 밀가루를 집어 들고 상점으로 뛰어나갔어. 놀란 몰리가 큰 소리로 울음을 터트렸어. 프랭크는 아빠의 뒤를 쫓아갔어.

"이보시오! 이걸 어찌 먹으란 말이요! 아무리 싸구려 밀가루라지만 내가 돈을 낸 만큼은 줘야 할 거 아니요?"

화가 난 아빠의 목소리가 점점 커졌어. 하지만 점원은 눈 하나 깜짝하지 않았어.

"거참 시끄럽네! 아니 불만 있으면 딴 가게 찾아보시든지. 지금 이 가격에 밀가루를 어디서 구할 수 있기나 한줄 아쇼!"

아빠는 점원의 말에 아무 말도 할 수 없었어. 왓슨 씨네 상점처럼 횡포를 부리는 곳이 대다수였거든. 상점들은 이익을 더 내기 위해서라면 손님을 속이는 일도 기꺼이 했던 거야.

고개를 떨어뜨린 아빠를 보자 프랭크는 눈물이 터져 나왔어.

"꼬르륵-, 꼬르륵-"

눈치 없는 프랭크의 배도 따라 울었어.

왜 열심히 일한 프랭크네 가족은 모래가 섞인 밀가루를 사야만 하는 걸까?

모래 섞인 밀가루를 사야 했던 프랭크와 로치데일 사람들

1840년 당시 영국은 19세기에 일어난 산업혁명의 영향으로 큰 변화를 겪고 있었어. 증기기관의 발명으로 기계 설비를 갖춘 공장에선 엄청나게 많은 상품을 생산했어. 당연히 공장에서 일하는 노동자의 수도 늘어났지.

직물 산업이 발달한 로치데일에서도 대다수의 사람들이 공장 노동자로 일했어. 어른들은 물론이고 프랭크와 토비와 같은 어린 아이들까지도. 하지만 노동자들은 아주 적은 급여를 받아 빠듯한 생활을 해야 했어. 토비처럼 침대조차 없이 사는 사람들이 흔했지. 참다못한 노동자들은 공장 주인에게 급여를 인상해 달라고 요구하며 파업에 참여했어. 여러 공장에서 많은 수의 사람들이 동참했지만, 공장 주인들은 끝내 급여를 올려주지 않았어. 오히려 토비 아빠처럼 파업에 적극적으로 참여한 사람들을 내쫓거나, 아예 공장 문을 닫아 버리기도 했지.

오르지 않는 급여로는 밀가루, 귀리, 버터, 설탕, 양초, 땔감 등의 생필품을 넉넉히 구입할 수 없었어. 게다가 상점에 아예 물건이 없을 때도 많았어. 일거리를 찾아 공장이 있는 도시로 온 사람들이 폭발적으로 늘어나면서 각종 생필품 공급이 부족해졌거든. 공급이

불안정한 틈을 타 많은 상점들이 횡포를 부렸어. 질이 떨어지는 물건을 비싼 가격에 팔아 이익을 얻기 바빴지. 심지어 갖은 속임수까지 동원했어. 밀가루 무게를 늘리기 위해 모래를 섞어 팔거나, 오래 되어서 말라비틀어진 버터를 몰래 끼워 팔기도 했어. 하지만 이런 횡포에도 사람들은 다른 상점을 이용할 수 없었어. 대다수의 상점이 같은 식의 횡포를 부렸거든. 신선한 식료품과 좋은 품질의 생필품을 파는 가게는 적은 급여로는 엄두도 낼 수 없었어.

토드레인 거리에 상점을 열다

더 이상 저질 생필품을 쓸 수 없었던 사람들은 좋은 품질의 물건을 저렴한 가격에 살 수 있는 방법을 생각하기 시작했어. 상점들이 소비자를 속일까봐 걱정할 필요 없게 말이야.

고민을 거듭한 끝에 가장 믿을 수 있는 곳은 내 손으로 직접 만든 상점이라는 결론을 내렸어. 좋은 상점을 이용할 수 없다면 직접 만들어보자는 것이었지. 함께 힘을 모아서 말이야.

상점을 열려면 여러 가지 문제를 해결해야 했어. 우선 상점을 세울 장소가 필요했어. 또 판매할 물건들을 채워야 했지. 모두 큰돈이 필요한 일이었어. 로치데일의 가난한 직공들에게는 엄두가 나지 않는 액수였어. 당장 오늘 저녁거리를 고민해야 하는 처지였으니 그 누구도 쉽게 나설 수 없는 상황이었어.

그런데 그때, 플란넬 공장의 직공 28명이 용기를 냈어. 각자 1파운드씩 돈을 내서 상점을 열기로 한 거야. 당시에 1파운드는 적지 않은 돈이었어. 하지만 직공들은 포기하지 않고 생활비를 악착같이 아끼며 매주 2페니씩 꾸준히 돈을 모았어.

4년 후, 1844년 로치데일에 '토드레인 상점'이 문을 열었어. 선반에는 모래가 섞이지 않은 밀가루와 귀리, 설탕, 버터 등을 진열했어. 드디어 무엇이든 믿고 살 수 있는 상점이 생긴 거야.

28명 조합원들의 도전

직공들의 4년에 걸친 노력 끝에 문을 연 이 상점이 바로 최초의 성공적인 협동조합인 '로치데일 공정선구자조합'이야. 오직 좋은 품질의 생필품을 사고 싶다는 생각으로 모인 28명의 직공들이 최초의 조합원이야. 그들이 1파운드씩 모은 총 28파운드가 출자금이 되었지.

조합원들은 밀가루, 설탕, 귀리, 양초 등의 생필품을 도매 시장에서 직접 구매했어. 그리고 그 물건들을 협동조합 토드레인 상점에서 조합원들에게 팔았어. 토드레인 상점은 모래 섞인 밀가루를 팔거나 오래된 식료품을 몰래 속여 팔지 않았어. 먹을 수 있는 식료품과 믿고 쓸 수 있는 생필품만을 팔았지.

하지만 곧 위기가 닥쳤어. 적은 출자금으로는 많은 종류의 물건

을 저렴한 가격에 넉넉히 들여놓을 수가 없었어. 게다가 그동안 횡포를 부리던 주변 상점들은 토드레인 상점에 물건을 파는 것을 거부하기까지 했지. 하는 수 없이 조합원들은 물건을 사러 수레를 끌고 이웃 도시까지 먼 길을 가기도 했어. 이런 어려움에도 조합원들은 흔들리지 않고 토드레인 상점을 꾸준히 운영했어.

점차 사람들 사이에 토드레인 상점에서는 믿을 수 있는 물건을 판다는 소문이 퍼졌나갔어. 그 결과 조합에 가입하는 사람들이 늘어났고, 그들이 낸 1파운드가 모여 출자금 액수도 커졌어. 조합은 도매 시장에서 다양한 상품을 대량으로 구매할 수 있게 되었고, 판매 가격은 더 안정되었어. 어느새 저렴한 가격에 신선한 식료품부터 따뜻한 겨울옷과 신발까지 살 수 있게 된 거야.

로치데일 공정선구자조합의 약속

조합원들은 협동조합을 성공적으로 운영하기 위해 여러 규칙을 정했어. 많은 사람이 함께, 오래 협동조합을 유지하려면 꼭 필요한 일이었지.

먼저 조합원들은 중요한 문제를 결정할 때 남성과 여성 모두 공평하게 1인 1표씩을 행사했어. 또 결코 상품을 시중의 다른 상점들보다 싸게 팔지 않았어. 시세에 맞춰 팔았지. 가격을 낮춰 팔면 조합도 손해를 입을 수밖에 없었으니까. 대신 좋은 품질의 상품을 속이지 않고 파는 것을 철저하게 지켰어. 횡포를 부리던 기존 상점들처럼 폭리를 취하지 않았지.

조합의 운영비는 출자금 위주로 사용했어. 기부금과 같은 외부 자금에 의지하는 것을 경계한 거야. 그리고 외상으로 상품을 판매하는 것도 금지했어.

조합을 운영하고 남은 수입은 조합원들에게 나눠줬어. 조합 상점에서 더 많은 물건을 구입한 조합원들에게 더 많은 액수가 돌아갔어. 이를 '배당금'이라고 해.

종교나 정치에 대해서는 중립적인 태도를 지켰어. 특정 종교나 정치에 따라 조합원들을 차별하거나 우대하지 않았지.

이밖에도 로치데일 공정선구자조합은 여러 규칙을 세우고, 또 지켜나갔어. 그리고 현재까지도 이 규칙들을 세계 대다수의 협동조합들이 따르고 있어. '국제협동조합연맹'이 로치데일 공정선구자조합의 원칙을 바탕으로 '협동조합의 7대 원칙'을 발표했거든. 하나씩 살펴볼까?

첫째, 협동조합은 자발적으로 만들어져요. 성, 종교, 인종 등

그 어떤 차별 없이 모두가 참여할 수 있어요.

둘째, 조합원들은 자유롭게 협동조합의 의사 결정에 참여할 수

있어요. 모두가 한 표씩 공평하게 투표권을 가져요.

셋째, 협동조합은 조합원들의 출자금으로 운영해요.

초과 이익금은 조합원들에게 나누어주는 경우도 있어요.

넷째, 다른 단체와 계약을 하거나, 외부에서 자본을 끌어올 때도

협동조합의 자율성이 유지되어야 해요.

누구도 마음대로 협동조합에 지시할 수 없어요.

다섯째, 조합원과 투표로 뽑힌 협동조합의 대표들에게

교육과 훈련을 제공해요.

여섯째, 같은 나라뿐 아니라 다른 나라의 협동조합들과도

협력해서 더 큰 힘을 내요.

일곱째, 협동조합이 속한 지역의 발전을 위해 노력해요.

이처럼 100년도 넘는 시간 전에 만들어진 약속이 현재까지도 전 세계 협동조합들의 든든한 밑바탕이 되어 주고 있어. 어둡고 좁은 토드레인 상점에서 가난한 직공들이 굳게 다짐했던 바로 그 약속을 말이야.

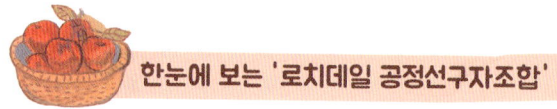 한눈에 보는 '로치데일 공정선구자조합'

상품의 품질과 무게를 속이지 않고 판매해요.

로치데일 공정선구자조합
- 토드레인 상점 -

좋은 품질의 상품을 대량 구입해요.

생산자 또는 도매상

협동조합 상점을 통해 믿고 살 수 있어요.

조합원과 소비자

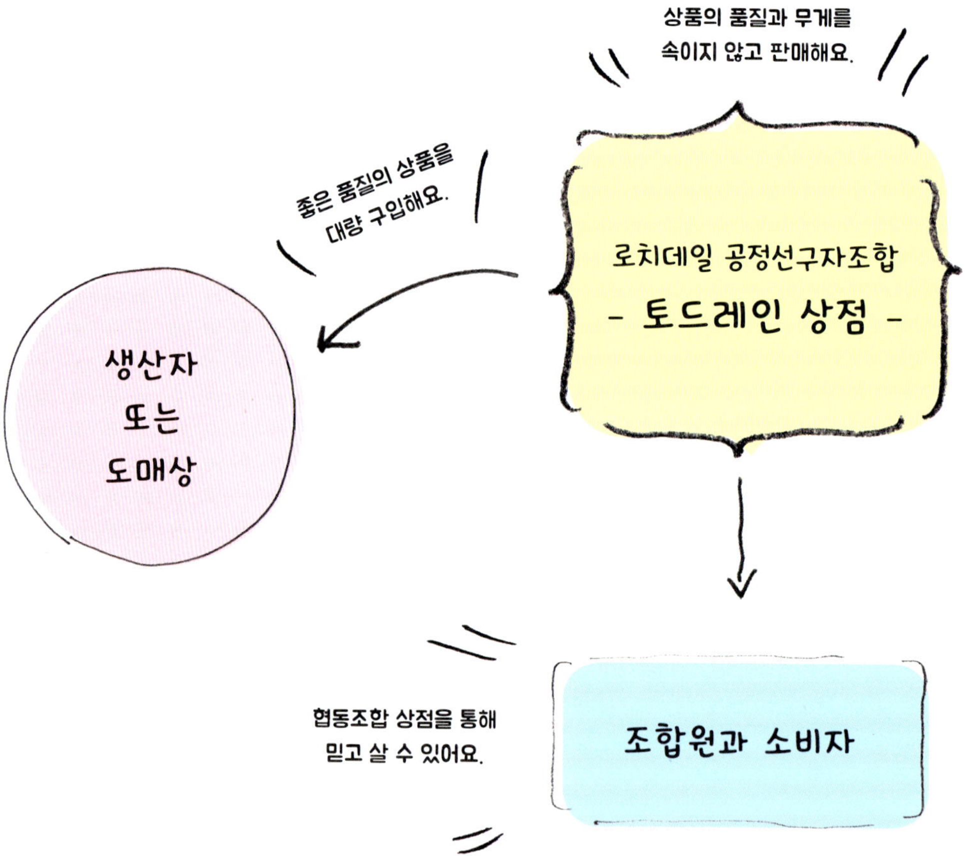

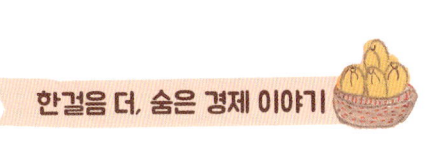
한걸음 더, 숨은 경제 이야기

공동구매의 비밀

두 명 이상의 소비자가 모여 원하는 상품을 같이 구매하는 것을 말해요. 공동구매는 참여하는 소비자의 수가 중요해요. 더 많은 양의 상품을 구입할수록 가격이 떨어지기 때문이에요.

내가 혼자 신발 가게에서 운동화 한 켤레를 구입하는 가격(소매가격)과, 공동구매로 몇십 켤레를 구입할 때의 한 켤레 가격(도매가격)이 다르답니다. 시장에서는 도매가격이 소매가격보다 훨씬 저렴해요. 토드레인 상점도 조합원의 수가 점점 늘어나 상품을 대량으로 구매할 수 있게 되면서 물건 가격이 점점 저렴해질 수 있었던 거랍니다.

요즘의 공동구매는 인터넷상에서 이루어지는 전자상거래에서 특히 활발해요. 서울에 사는 지수도, 광주에 사는 윤호도 그리고 뉴욕에 사는 제임스도 언제든지 온라인으로 참여할 수 있으니까요.

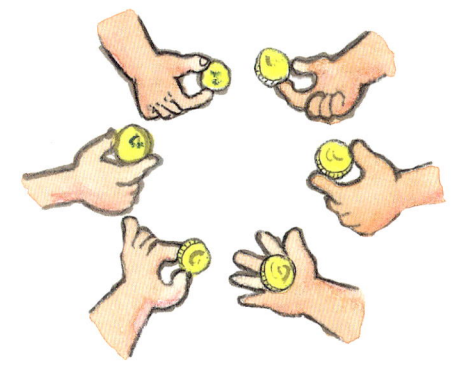

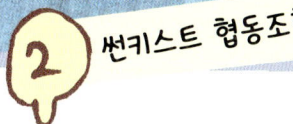

2 썬키스트 협동조합

기차에 실린 오렌지의 비밀

"칙칙폭폭— 칙칙폭폭—"
마침 시커먼 바퀴를 움직이며 기차가 천천히 역을 향해 다가오고 있었어.
기차가 점점 가까워지자 써니는 돌멩이를 주워 기차를 향해 힘껏 던졌어.
"이 시끄러운 쇳덩이야! 저리 가버려, 이게 다 너 때문이라고!"

　1890년 어느 날, 작은 새 한 마리가 하늘을 날고 있었어. 햇볕이 쨍쨍한 맑은 하늘 아래에는 오렌지 농장들이 끝없이 늘어서 있었지. 이곳은 새콤달콤한 오렌지로 유명한 미국 캘리포니아야. 나뭇가지마다 주렁주렁 열린 오렌지는 선명한 주홍빛을 띠었어. 캘리포니아 땅 곳곳에 쏟아지는 풍부한 햇볕 덕분이라고 해. '화창한 날씨의 주(the Sunny State)'라는 별명이 잘 어울리지?

　대다수의 오렌지 농장에서는 가족들끼리 작은 규모로 농사를 지었어. 밀짚모자를 쓴 농부들은 오렌지 나무 사이를 오가며 바쁘

게 일하고, 어린아이들은 농장을 맨발로 뛰어다니며 술래잡기를 했지.

이때, 파란 대문 이층집에서 잔뜩 화가 난 여자아이 목소리가 들려왔어. 마을에서 두 번째로 큰 오렌지 농장을 하는 써니네 집이야.

"워싱턴엔 가기 싫어요! 여기 캘리포니아에 살 거라고요. 내 친구 에이미도, 샐리도 모두 여기 살아요. 내 오렌지 나무는 또 어떡해요?"

"써니야, 아빠도 계속 이곳에 살고 싶단다. 할아버지께서 물려주신 농장인걸. 하지만 쌓이는 빚 때문에 농장 문을 닫을 수밖에 없구나. 미안하지만…"

아빠의 말이 채 끝나기도 전에 써니는 집 밖으로 뛰쳐나가 버렸어. 그리곤 늘 친구들과 함께 놀던 기차역 근처 언덕에 올랐어.

'이제 이곳도 에이미랑 샐리랑 다신 올 수 없겠지?'

정든 마을을 떠나 친구들과 헤어져야 한다는 생각에 써니는 눈물이 났어.

"칙칙폭폭- 칙칙폭폭-"

마침 시커먼 바퀴를 움직이며 기차가 천천히 역을 향해 다가오고 있었어. 마을에 들러 오렌지를 실은 뒤 동쪽의 대도시로 출발할 기차였지. 역 주변에는 농장에서 갓 딴 오렌지를 실어 보내려는 일꾼들로 가득했어. 기차가 점점 가까워지자 써니는 돌멩이를 주워 기차를 향해 힘껏 던졌어.

"이 시끄러운 쇳덩이야! 저리 가버려, 이게 다 너 때문이라고!"

기차를 향해 분풀이를 하는 써니의 얼굴이 빨갛게 달아올랐어. 도대체 무슨 일이 있었던 걸까?

사실 기차는 아무런 잘못이 없었어. 기차 때문에 써니네 오렌지 농장이 문을 닫게 된 것은 아니었거든. 오히려 기차가 생기면서 예전보다 더 많은 양의 오렌지를 내다 팔 수 있었지. 캘리포니아 인근에서만 팔던 오렌지를 기차에 실어 저 멀리 떨어진 동부 대도시에까지 내다 팔 수 있게 되었으니까.

써니는 아빠가 기른 오렌지가 처음으로 기차에 실려 팔려나가던 날을 떠올렸어. 아빠가 땀을 뻘뻘 흘리면서도 싱글벙글한 얼굴로 오렌지를 나르던 4년 전의 일이야.

"이번 달은 오렌지를 남김없이 팔았단다. 우리 써니가 기르는 나무에서 열린 오렌지까지도 말이야. 주문이 밀려들어서 농장 땅을 넓힐 계획이란다. 오렌지 나무를 더 심어서 우리 딸한테 멋진 자전거도 한 대 사줘야지. 허허허."

"우와! 아빠, 그 약속 꼭 지키셔야 해요!"

그때는 써니네 가족도 이웃 농장 사람들도 모두 기대에 가득 차 있었어. 동부로 떠날 기차가 마을에 들어오는 날을 손꼽아 기다리기까지 했지. 기차에 실리는 오렌지가 늘어날수록 큰돈을 벌어서 새 농기구를 사거나, 헛간을 튼튼하게 수리할 수 있을 테니까. 이웃에 사는 에이미네는 새로 이층집을 짓기로 했어.

하지만 곧 예상치 못한 문제가 터져 나왔어. 팔려 나가는 오렌지 양에 비해 농장으로 돌아오는 수익이 점점 줄어들었지 뭐야. 기차 덕분에 오렌지가 미국 전역에서 인기를 누리면서 오렌지를 재배하는 농장이 늘어났고, 그만큼 생산량도 급격히 많아졌어. 오렌지 공급량이 많아지자 유통업체들이 횡포를 부리기 시작했어. 유통업체들은 농부들이 뜨거운 햇볕 아래서 정성스럽게 기른 오렌지를 헐값으로 사들여 기차에 실었어.

써니네처럼 더 많은 오렌지 나무를 심기 위해 땅을 사들이거나, 일꾼을 많이 고용한 농장들은 더 큰 피해를 입었어. 아빠의 오랜 친구인 존슨 씨는 이미 몇 개월 전에 빚더미에 오른 농장을 팔고 마을을 떠나고 말았지.

옛날 생각이 떠오르자 써니의 마음은 더 무거워졌어.

"빠아아앙- 빠아앙-"

짐칸에 오렌지를 가득 실은 기차가 경적을 울리며 출발했어. 써니는 언덕에서 내려와 느릿느릿 농장을 향해 걸었어. 농장 앞에는 나무 상자를 가득 실은 트럭이 한 대 서 있었어. 팔을 걷어붙인 남자 두 명이서 연신 상자를 내려 농장 안으로 옮기고 있었지.

'으, 이건 무슨 냄새야?'

코를 찌르는 시큼한 냄새에 써니는 코를 움켜쥐었어. 농장 안쪽에서는 유통업체 사람과 심각하게 이야기를 나누고 있는 아빠가 보였어. 바닥에는 물러 터지고 썩은 오렌지들이 뒹굴고 있었지.

"이 농장에서 지난달 사들인 오렌지 값을 치르러 왔소. 팔고 남은 이 여섯 상자는 이번 달 오렌지 삯에서 뺐으니, 여기 영수증에 서명하쇼."

"아니 도대체 이 못쓰게 된 오렌지를 어쩌란 거요? 고스란히 우리 농부들 차지라 이거요? 작은 농장이라고 이렇게 막무가내로 대해도 되는 겁니까?"

아빠의 항의에도 유통업체 사람들은 들은 체도 안 하고 트럭을 몰고 떠나 버렸어. 다른 농장에도 팔다 남은 오렌지를 떠넘기려면 한시가 바빴거든.

그 자리에 우두커니 선 아빠는 써니가 울타리 너머에서 지켜보고 있는 것도 눈치 채지 못했어. 그렇게 땅에 떨어진 오렌지를 한참 바라보고는, 농장 대문 앞에 사다리를 세우고 그 위로 올라갔어. 그리고 떡갈나무로 만든 둥근 간판을 떼어내기 시작했어. 간판 중앙에는 써니의 할아버지가 직접 새긴 '최고의 오렌지'라는 글씨가 보였어. 아빠는 어두운 얼굴로 간판을 손에 든 채 사다리를 내려왔어.

"아빠, 조심하세요!"

어느새 다가온 써니가 흔들리는 사다리를 꽉 잡았어. 10년 넘게 가꿔온 농장의 간판을 내리는 아빠의 모습을 보자 아까 화를 냈던 게 미안해졌거든. 아빠는 간판을 건네며, 딸의 머리를 쓰다듬었어.

"우리 딸 많이 속상하지? 아빠도 그래. 할아버지한테 농사일을 배워서 대대로 오렌지를 길러왔거든. 이 오렌지를 팔아 엄마랑 우리 써니랑 세 식구가 즐겁게 살았는데…."

써니는 간판 위에 앉은 먼지를 조그만 손으로 털어냈어.

"아빠, 우리 꼭 돌아와요. 그래서 다시 오렌지 나무를 길러요. 지금은 어쩔 수 없지만 분명히 좋은 방법이 생길 거예요."

과연 써니네 가족은 다시 농장으로 돌아와 오렌지를 재배할 수 있을까? 할아버지가 물려주신 최고의 오렌지를 말이야.

오렌지 농장 문을 닫는 위기의 농부들

현재 우리가 즐겨먹는 '네이블 오렌지'는 캘리포니아에서 1870년도부터 재배되기 시작했어. 농장에서 기른 오렌지는 주로 캘리포니아 인근에서만 팔렸어. 그런데 미국 대륙을 가로지르는 철도가 생기면서 동부 지역에까지 오렌지를 팔 수 있게 되었지. 오렌지를 찾는 소비자가 많아지면서 오렌지 시장도 급격하게 커졌어. 오렌지의 인기가 날로 높아졌지만, 오히려 손해를 입는 농장이 늘어났어. 써니 아빠처럼 빚을 지고 오렌지 농사를 포기하는 농부들도 생겨났지. 중간 유통업체들이 횡포를 부리기 시작했거든.

작은 규모의 농장들이 오렌지를 먼 지역에 내다 팔려면 운송 수단과 판매할 장소가 필요했어. 하지만 농부 혼자서 오렌지를 기르고 직접 먼 곳까지 가져다 파는 것은 불가능했어. 비용과 시간이 너무 많이 들었거든. 그래서 중간에서 운송과 판매를 책임지는 유통업체가 필요했던 거야. 유통업체들은 농부들에게 헐값으로 오렌지를 사들였어. 농부들은 오렌지를 기르는 데 들어간 품삯과 비료 값도 건지지 못할 지경이었지. 게다가 유통업체들은 오렌지 값도 꾸물대며 늦게 지급하기 일쑤였어. 또, 판매가 된 오렌지 값만을 농부들에게 지급했기 때문에, 못쓰게 된 남은 오렌지들은 고스란히 농장의 피해가 되었어. 시큼한 냄새가 코를 찌르는 물러 터진 오렌지로 무엇을 할 수 있었겠어?

유통과 판매를 우리 농부들의 손으로

날로 심해지는 유통업체들의 횡포 때문에 많은 오렌지 농장이 고통을 받았어. 뜨거운 햇볕 아래에서 열심히 오렌지를 길러도 생활은 빠듯하기만 했지. 결국 더 이상 참을 수 없었던 농부들이 모여, 자신들의 손으로 직접 오렌지를 유통하고 판매하기로 마음먹었어. 횡포를 부리는 유통업체들의 손을 빌리지 않고 말이야.

1893년, 몇몇 오렌지 농장들이 모여 '남부 캘리포니아 과일 거래소'를 탄생시켰어. 이 과일 거래소는 지금의 '썬키스트 협동조합'으로 발전하게 돼. 캘리포니아 남부 지역과 애리조나 주 일부의 오렌지 농장들이 조합원으로 참여했어. 조합원들은 공동으로 오렌지를 유통하고 판매하기로 약속했지.

조합은 가입한 농장들로부터 오렌지를 적정한 가격에 사들였어. 협동조합은 유통업체들처럼 이윤을 많이 남기려고 헐값에 오렌지를 사들일 필요가 없었거든. 이제 농부들은 어쩔 수 없이 터무니없는 가격에 오렌지를 팔 필요가 없어진 거야.

또, 조합은 소비자에게 팔고 남은 오렌지까지 그 값을 지불했어. 오래되어 못쓰게 된 오렌지를 농부들에게 떠넘기지 않은 거지. 대신 조합은 오렌지 시장 상황을 예측하고 거기에 대비했어. 오렌지의 수요가 많지 않을 것 같은 해에는 조합원들이 함께 생산량을 줄여서 농장의 피해를 최소화했어.

협동조합의 목표는 유통업체들처럼 수익을 많이 올리는 것이 전부가 아니었어. 캘리포니아 땅에서 농부들이 계속해서 맛있고 싱싱한 오렌지를 기를 수 있게 하는 것이 중요했어. 그래서 열심히 기른 오렌지를 제값에 꾸준히 전국의 소비자들에게 공급할 수 있도록 노력했던 거야. 덕분에 조합에 참여하는 농장의 수가 무려 5,000여 개로 늘어났어.

최고의 맛, 썬키스트 오렌지를 널리 알려라!

협동조합은 농부들이 기른 오렌지를 더 많이 팔 수 있도록 다양한 아이디어를 냈어. 품질 좋은 조합의 오렌지가 널리 알려질수록 농장에서 더 많은 오렌지를 생산할 수 있으니까. '썬키스트'라는 이름을 들어본 적 있니? 조합에서 생산되는 오렌지에는 동그란 마크 안에 바로 이 '썬키스트'라는 상표가 적혀 있어. 최상 품질의 캘

리포니아 오렌지에만 붙여주는 이름이지. 과거에는 오렌지와 같은 농산물에 브랜드를 붙인 일이 없었어. 덕분에 썬키스트 오렌지는 소비자들에게 큰 관심을 끌었지. 조합원들도 썬키스트의 이름에 걸맞은 최상급 오렌지를 계속 길러내기 위해 더욱 노력했단다.

조합은 오렌지 광고에도 적극적으로 나섰어. "오렌지를 마셔라!(Drink an Orange!)"라는 광고가 제일 유명해. 껍질을 까서 먹기만 하던 오렌지를 주스로도 마실 수 있게 한 거지. 이 광고에 소비자들은 큰 관심을 보였어. 피로 회복에 좋은 비타민 C가 풍부한 오렌지를 손쉽게 마실 수 있다니 말이야. 아주 좋은 아이디어였지!

오렌지 주스가 인기를 끌면서 조합의 오렌지 판매량은 빠르게 증가했어. 주스를 만들려면 많은 양의 오렌지가 필요했거든. 게다가 품질이 조금 떨어지는 오렌지도 주스로 만들어 팔 수 있었어.

100년을 넘게 이어온 썬키스트 협동조합

시간이 흐를수록 조합에 참여하는 농장들은 더 늘어났어. 그럴수록 조합은 조합원 간의 원활한 소통을 위해 많은 노력을 했어. 각기 다른 의견을 가진 조합원들의 의견에 귀를 기울였지. 그리고 조합에서 진행되는 각종 사업에 대해 자세히 알렸어. 정기적으로 오렌지의 출하량, 유통 과정 등을 보고하고, 새로운 광고나 사업을 시작할 때는 조합원들의 동의를 받았어. 조합원들은 투표를 통해 조합의 중요한 결정에 참여했어. 썬키스트 협동조합은 농장의 오렌지 출하량에 따라 투표권을 다르게 나눠주는 특징이 있어.

또, 최고의 오렌지라는 썬키스트 브랜드를 유지하기 위해 품질 관리에 힘썼어. 조합원들도 자부심을 가지고 좋은 품질의 오렌지를 길러냈어. 썬키스트 하면 누구나 믿고 먹을 수 있는 오렌지를 떠올릴 수 있도록 말이야.

과거 유통업체들의 횡포에도 포기하지 않고, 협동조합을 만들어 농장을 지킨 농부들은 100년이 넘는 시간 동안 캘리포니아 오렌지의 전통을 지켜오고 있어. 세상에서 가장 새콤달콤하고 상큼한 전통을 말이야!

 한눈에 보는 '썬키스트 협동조합'

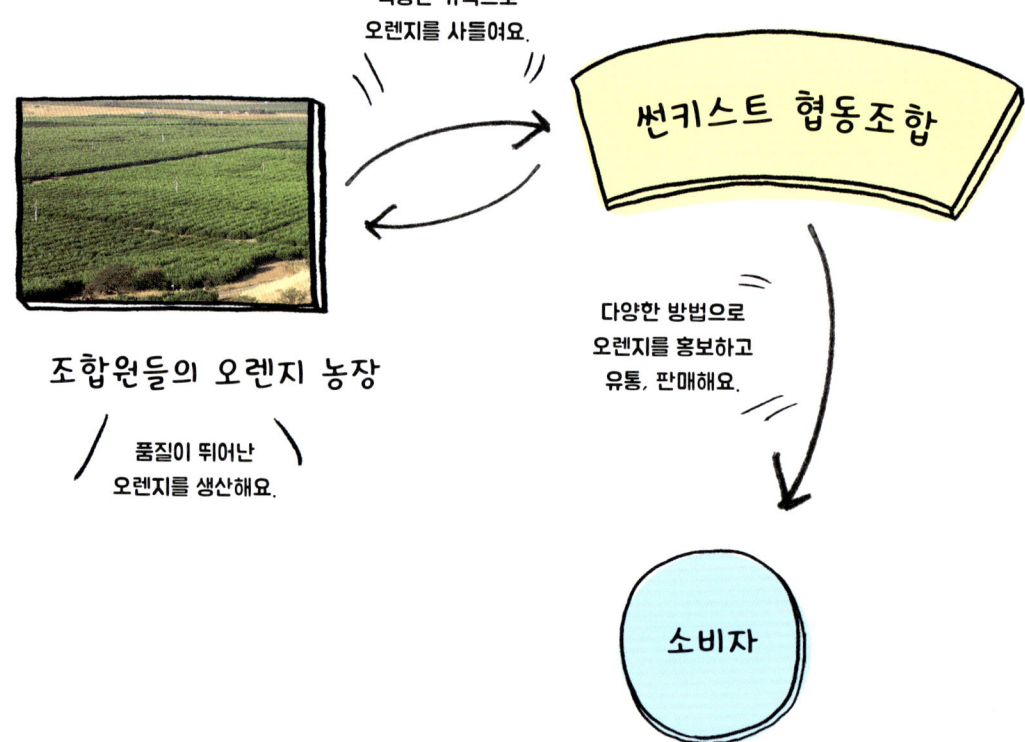

 한걸음 더, 숨은 경제 이야기

브랜드

썬키스트 협동조합의 공동 브랜드인 '썬키스트'는 전 세계적으로 유명해요. 많은 사람들이 '썬키스트' 하면 캘리포니아산 최고급 오렌지를 떠올린답니다. '썬키스트'는 태양의 입맞춤(Sun Kissed)라는 뜻이에요. 캘리포니아의 풍부한 햇볕을 받고 자란 오렌지에 참 잘 어울리는 이름이죠?

브랜드란 특정한 생산자의 상품을 소비자들에게 널리 알리기 위해 만들어낸 상징이에요. 보통 브랜드는 소비자들이 쉽게 알아보고, 오랫동안 기억할 수 있도록 기호, 글자, 숫자 등을 이용해 만들지요.

브랜드는 상품의 판매에 중요한 영향을 끼쳐요. 소비자들은 브랜드를 통해 상품의 품질에 대한 신뢰를 가지거든요. 예를 들어 우수한 품질의 오렌지 브랜드인 '썬키스트'는 소비자들에게 믿을 수 있는 먹거리라는 믿음을 줘요. 소비자들은 같은 브랜드가 붙은 다른 제품들도 신뢰하게 된답니다. 썬키스트 마크가 붙은 주스처럼요. 그래서 썬키스트 협동조합은 브랜드에 걸맞은 오렌지를 계속해서 생산할 수 있도록 늘 노력하고 있어요.

3 몬드라곤 협동조합

깡통을 차는 소년 이케르

공터에 덩그러니 앉은 이케르는 손가락으로 땅바닥에 글씨를 썼어.
할아버지가 가르쳐주신 바스크어를 잊어버리고 싶지 않았거든.
지금은 가정 형편 때문에 학교를 그만두었지만,
언젠간 다시 공부를 할 수 있을 테니 말이야.
'언제 다시 학교에 갈 수 있을까?'

　스페인 내전이 끝나고 몇 해가 지난 1943년, 바스크 지방에 활기를 잃은 한 도시가 있었어. 울퉁불퉁 높이 솟은 산들로 둘러싸인 이 도시의 이름은 몬드라곤이야. 가파른 언덕과 좁고 구불구불한 길이 들어선 이곳엔 바스크인들이 살고 있지. 스페인의 소수 민족인 바스크인들은 그들만의 언어와 문화를 가지고 있어.
　"깡! 까-앙!"
　한참 학교에서 공부할 시간인데 공터에서 웬 아이들이 노는 소리가 들려왔어. 서너 명이 모여 빈 깡통을 차며 축구를 하고 있었지. 가난했던 아이들은 축구공을 살 돈이 없었어. 비록 녹슬고 찌그러졌지만 아이들은 진짜 축구 선수인 양 깡통을 요리조리 열심히 몰았어.

"이케르! 받아!"

마리엘의 패스를 받은 이케르는 있는 힘껏 슛을 날렸어. 발가락 끝이 얼얼할 지경이었지.

"쨍그랑-!"

쏜살같이 날아간 깡통이 유리창을 깨고 말았어. 뿌연 먼지가 덕지덕지 붙은 유리 조각이 땅바닥으로 흩어졌어.

"푸하하. 야, 이케르! 너 온 동네 유리창은 다 깰 셈이냐?"

마리엘이 깔깔 대며 이케르를 놀렸어.

"뭐 어때? 어차피 다 망한 집인데!"

무안해진 이케르가 쏘아붙였어.

몬드라곤에는 폐허로 남겨진 집들이 많았어. 스페인 내전으로 도시 곳곳이 파괴되었거든. 포탄 자국이 선명하게 남아 있는 벽들이 여기저기 위태롭게 서 있었지. 전쟁을 피해 수많은 바스크인들이 몬드라곤을 떠났어. 이케르의 친구들도 부모님을 따라 다른 도시로 가야 했어. 친구들과 함께 만든 동네 축구팀도 이제 고작 네 명만 남고 말았지.

한바탕 깡통을 찬 아이들은 정오가 되자 점심을 먹으러 뿔뿔이 흩어졌어. 하지만 이케르는 텅 빈 공터에 털썩 주저앉았어.

'아, 집에는 가기 싫은데….'

집으로 가봤자 먹을 것도 없었거든. 매일 먹는 딱딱한 빵은 이제 지긋지긋했어. 거기에 매일 돈 때문에 싸우는 엄마와 아빠도 보기 싫었지.

어젯밤에도 부모님의 말다툼 소리에 잠을 설쳐야 했어. 살림을 꾸리기 위해 한 푼이라도 더 필요했던 엄마와 일자리를 구하지 못해 막막한 아빠는 서로 언성을 높였어. 하지만 싸운다고 달라지는 건 없었어. 아빠도 정말 어쩔 도리가 없었거든.

내전으로 인해 인구가 급격하게 줄어들면서 몬드라곤의 경제는 심각한 위기에 빠졌어. 철강 공장에 다니던 아빠는 기술이 매우 뛰어났지만 공장이 문을 닫자 실업자가 되고 말았어. 새 일자리를 찾기도 쉽지 않았지. 문을 닫은 공장이 한두 군데가 아니었으니까. 이케르의 이웃에 사는 마리엘과 페르난도의 아빠도 실업자가 된 지 오래였어.

"휴우-"

어젯밤 일을 떠올리자 이케르는 머리가 아팠어. 부모님을 돕기 위해 학교도 그만두고 작은 상점에서 심부름을 했지만 동전 몇 닢 받는 게 고작이었어.

공터에 덩그러니 앉은 이케르는 손가락으로 땅바닥에 글씨를 썼어. 할아버지가 가르쳐주신 바스크어를 잊어버리고 싶지 않았거든. 지금은 가정 형편 때문에 학교를 그만두었지만, 언젠간 다시 공부를 할 수 있을 테니 말이야.

'언제 다시 학교에 갈 수 있을까?'

이케르는 학교를 다니는 아이들이 부러웠어. 길을 걷다 책가방을 멘 아이들과 마주치기라도 하면 얼른 뒷골목으로 숨어 버렸지. 손에 든 찌그러진 깡통이 창피했거든.

한참 글씨를 끼적이고 있는데 누군가 이케르를 부르는 소리가 들렸어.

"이케르! 이케르!"

바닥에 앉은 이케르를 발견한 아빠가 환하게 미소 지으며 다가왔어.

'어? 아빠가 여기 웬일이지?'

이케르는 황급히 땅바닥에 쓴 글씨를 흩어버렸어.

"여기 있었구나. 왜 집에 안 왔니? 점심 먹을 때가 지났는데."

땅바닥엔 미처 다 지워지지 않은 글씨가 남아 있었어. 아빠는 말없이 이케르의 글씨를 들여다보았어. 그리곤 머리를 부드럽게 쓰다듬어줬어.

"우리 아들 글씨 참 잘 쓰네. 그래, 배고프진 않고?"

이케르 옆에 나란히 앉은 아빠는 주머니에서 말라버린 작은 빵을 꺼냈어.

"배고프지 않아요. 싸구려 빵은 이제 지겹다구요."

이케르는 퉁명스럽게 말하고는 손바닥으로 남은 글씨를 마저 지워버렸어. 아빠의 사정을 알면서도 괜히 투정을 부리고 싶었지.

"많이 힘들지, 이케르? 그래도 오늘은 좋은 소식이 하나 있단다! 네가 다시 학교에 갈 수 있게 됐어."

학교라는 말에 이케르의 눈이 반짝였어. 아빠는 시내에서 호세 신부님을 만난 이야기를 들려주었지. 신부님이 이케르와 같은 몬드라곤의 청소년들을 위해 기술학교를 세운다는 거야. 학교를 세우는 데 필요한 돈은 주민들이 조금씩 내기로 했대.

"이케르도 그 기술학교에서 공부하면 좋겠구나. 아빠처럼 기술자가 되고 싶다고 했지? 정말 좋은 기회가 될 거야."

다시 공부를 할 수 있다는 말에 솔깃했지만, 금세 돈 걱정이 앞섰어.

"상점에 나가서 짐이라도 나르면 그래도 동전 몇 개는 벌 수 있어요. 그런데 학교에 가면 아예 빈손이 되잖아요. 그리고 우리 집에 제가 학교 다닐 돈이 어디 있어요?"

"나중에 네가 원하는 직업을 가지려면 먼저 기술을 배워야 해. 네 두 손으로 열심히 익힌 기술은 수년이 흘러도 절대 없어지지 않아. 비록 지금은 아빠가 쉬고 있지만, 이 두 손이 바로 아빠 직업이야. 곧 다시 기회가 올 거야."

아빠는 기술학교에 돈을 내는 대신에 학교 건물을 수리하는 봉사활동을 맡았다고 말해줬어. 호세 신부님은 돈이 없어도 기술학교를 위해 할 수 있는 일이 있다면 누구든 참여할 수 있다고 했지.

이케르의 가슴이 걱정과 기대로 쿵쾅거렸어. 학교에 다시 다닌다는 게 믿어지지 않았거든.

'내가 잘 배워서 아빠 같은 기술자가 될 수 있을까? 기술을 배워도 여전히 공장들이 문을 닫은 채로 있으면 어쩌지? 그래도… 그래도… 가고 싶어, 학교에.'

이케르는 아빠가 건네준 빵을 꼭꼭 씹어 먹었어. 설레는 마음 때문인지 질긴 빵조각에서 단맛이 나는 것만 같았어.

과연 이케르는 기술학교를 잘 마치고 원하는 직업을 가질 수 있을까? 그리고 그때는 몬드라곤의 경제가 나아져 있을까?

흔들리는 바스크인의 도시, 몬드라곤

이케르가 깡통을 차며 놀던 몬드라곤은 스페인의 북쪽 지방에 자리 잡은 도시야. 이웃 나라 프랑스 국경과 가깝지. 산악 도시인 몬드라곤에는 가파른 비탈과 구불구불 좁은 길이 많아. 바스크 자치 지역인 몬드라곤은 소수민족인 바스크인들이 모여 살며 그들만의 언어와 문화를 지켜나가고 있어. 그래서 이케르도 스페인어와 바스크어를 함께 배우며 자랐어.

1936년부터 시작된 스페인 내전으로 인해 몬드라곤은 심각한 경제적 위기를 맞게 돼. 도시의 많은 건물이 포탄에 맞아 부서졌어. 또 절반을 훌쩍 넘는 몬드라곤 시민들이 전쟁을 피해 다른 도시로 떠났어. 철강 산업이 발달했던 몬드라곤의 수많은 공장과 회사가 문을 닫아야 했지. 일할 사람들이 떠난 공장은 몇 년째 가동을 멈췄고, 남은 사람들은 일자리를 찾기가 어려웠어. 실업자는 점점 늘어나고 경제는 좀처럼 나아질 기미가 보이지 않았지. 실업자가 된 사람들은 가난에 시달렸고, 이 작은 산악도시는 깊은 침체에 빠지고 말았어. 끝이 보이지 않는 가난이 어른들은 물론이고 아이들도 점점 더 지치게 만들었어. 학교를 그만두고 방황하는 아이들도 늘어났어.

변화의 시작, 시민들의 손으로 기술학교를 세우다

1941년, 한 신부가 몬드라곤에 새로 부임했어. 그의 이름은 돈 호세 마리아 아리스멘디아리에타야. 호세 마리아 신부가 도착했을 때 몬드라곤은 폐허나 다름없었어. 도시 곳곳에는 내전의 흔적이 남아 있고, 사람들은 활기를 잃은 지 오래였지.

호세 마리아 신부는 몬드라곤 사람들을 위해 어떤 일을 해야 할지 고민했어. 그의 눈에 제일 먼저 띈 것은 이케르와 같은 청소년들이었어. 신부는 청소년들에게 몬드라곤의 미래가 나아질 수 있다는 희망을 주고, 앞으로 무엇을 하면 좋을지 길잡이가 되어 주고 싶었어. 그래서 아이들이 기술을 배워 일자리를 구할 수 있도록 적극적으로 나섰지. 큰 규모의 철강 공장에 찾아가 아이들이 기술을 배울 수 있게 해달라고 요청했어. 하지만 공장은 직원이 아닌 사람에게는 교육을 해줄 수 없다며 거절했지.

호세 마리아 신부는 포기하지 않았어. 직접 기술학교를 세우기로 마음먹은 거야. 몬드라곤 시민들과 함께 출자금을 모으는 협동조합 방식으로 말이야.

얼마 후, 몬드라곤 거리 곳곳에 작은 상자들이 설치됐어. 기술학교 설립에 참여할 조합원을 모으기 위한 호세 마리아 신부의 아이

디어였어. 참여를 원하는 사람들은 상자에 이름과 주소를 적은 쪽지와 돈을 넣었어. 형편이 좋지 않은 사람들은 학교를 위해 자신이 할 수 있는 활동들을 적어냈지. 적은 돈이었지만 많은 시민들이 몬드라곤의 청소년들을 위해 나섰어. 식비를 줄여 돈을 내기도 했고, 이케르 아빠처럼 학교 건물을 고쳐주겠다고 나서는 사람도 있었어.

드디어 600여 명의 시민들이 참여한 기술학교가 문을 열었어.

호세 마리아 신부는 함께한 시민들에게 학교의 중요한 문제를 결정할 때 참여할 수 있도록 투표권을 주었어.

1943년에 이케르 또래의 학생 20명이 입학해 공부를 시작했어. 학생들은 열심히 책을 읽고, 실제 공장에서 사용하는 기술들을 배웠지. 4년 후 졸업한 학생들은 자신의 기술이 필요한 곳에 일자리를 얻었어. 그중 11명의 학생들은 공부를 계속해서 대학에 진학했어. 당시 가난한 노동자 가정에서는 매우 드문 일이야. 단 한 개의 반으로 시작한 이 작은 학교는 몬드라곤에 아주 큰 변화를 가져오게 돼.

노동자들이 회사를 세우다

공부를 마친 사람들 중 몇몇은 몬드라곤에 있는 회사에 일자리를 알아보았어. 높은 교육을 받은 졸업생들은 회사에서 괜찮은 급여를 받을 수 있었지. 하지만 많은 급여가 그들이 원하는 전부는 아니었어. 그들은 회사와 노동자가 함께 운영하는 민주적인 일터를 원했지. 회사의 발전을 위해 노동자도 의견을 낼 수 있고, 함께 만들어낸 수익을 투명하게 나눠 가질 수 있도록 말이야.

졸업생들이 꿈꾼 건 오직 높은 수익을 내기 위해 노동자에게 과

중한 업무를 요구하거나, 해고해 버리는 회사가 아니야. 노동자들에게 안정적으로 일할 수 있는 질 높은 일자리와 안전한 근무 환경을 제공하길 바랐어. 하지만 이런 요구를 받아들이는 회사는 없었어.

　결국 졸업생 중 다섯 명이 스스로 회사를 세우기로 마음먹었어. 노동자가 주인이 되는 노동자 생산 협동조합을 만들기로 한 거야. 다섯 명의 졸업생은 출자금을 모아 석유난로를 만드는 공장을 만들었어. 그리고 다섯 명의 이름에서 첫 글자를 하나씩 따서 '울고

(ULGOR)'라는 이름을 붙였어. 작은 규모의 공장이었지만 운영하기가 쉽지 않았어. 난로를 만드는 기술도 부족했고, 처음 해보는 협동조합 운영도 서툴렀지.

다섯 명의 조합원은 매일 공장의 일과가 끝나면 한자리에 모여 그날 있었던 일에 대해 이야기를 나눴어. 오늘은 어떤 어려움을 겪었는지, 잘 끝난 일은 무엇인지 등을 머리를 맞대고 점검했어. 또 호세 마리아 신부와 함께 노동자의 권리를 요구하고, 좋은 일자리를 꾸리는 방법에 대해 꾸준히 토론했어. 이러한 노력 덕분에 '울고'는 점차 안정을 찾아갔어. 참여하는 조합원의 수도 늘어나고 생산량도 증가했지.

호세 마리아 신부는 '울고'를 성공적으로 운영하기 위해 협동조합 은행도 만들었어. 바로 1959년에 탄생한 '까하 라보랄'이야. '까하 라보랄'은 조합을 안정적으로 운영할 수 있도록 자금을 공급했어. 이어서 같은 해에는 '라군 아로'가 설립됐어. '라군 아로'는 사회보장 협동조합이야. 조합원들이 안정된 의료 서비스를 받을 수 있도록 지원하고, 잠시 일자리를 잃거나 퇴직한 조합원들이 생활을 꾸려나갈 수 있도록 복지를 제공했지.

사업을 안정적으로 유지할 수 있도록 공장 '울고'와 은행 '까하 라보랄', 복지를 맡은 '라군 아로'가 하나의 큰 팀을 이룬 거야. 이들은 서로 협력하며 빠른 속도로 성장했어. 덕분에 몬드라곤 사람들은 실업과 가난의 고통 속에서 점차 벗어나게 되었어. 도시는 활기를 되찾았고, 사람들은 차츰 경제적으로 넉넉한 생활을 누렸어.

세계 경제 위기도 이겨낸 협동조합의 도시

기술학교에서 싹을 틔운 '울고'를 시작으로 250개가 넘는 협동조합이 몬드라곤에 세워졌고, 이들은 하나의 큰 몬드라곤 그룹을 이뤘어. 각각의 협동조합은 건설, 교육, 서비스, 금융 등 다양한 사업을 했어. 몬드라곤에서 조합원을 찾는 것은 아주 쉬운 일이야. 이케르와 아이들이 깡통을 차던 도시가 세계적으로 유명한 협동조합의 도시로 탈바꿈한 거야.

그런데 1970년대 중반에 전 세계에 경제 위기가 닥쳤어. 몬드라곤도 피해갈 수 없었지. 소비가 줄어들면서 창고에는 재고가 쌓여갔고, 일거리가 없는 조합원들이 늘어갔어. 심각한 위기가 찾아왔지만 몬드라곤 그룹은 우왕좌왕하지 않았어. 오히려 똘똘 뭉쳐 서로를 도왔어.

먼저 일거리가 없는 조합원들이 생기면 그들을 다른 조합에서 일할 수 있도록 했어. 또 새로운 조합에 적응할 수 있도록 직업 훈련도 시켜주었지. 반면에 같은 위기를 겪고 있던 일반 기업에서는 많은 노동자들이 해고됐어.

그룹 내에서도 일자리를 찾지 못할 경우, 조합원은 '라군 아로'의 보호를 받았어. 조합원들은 '라군 아로'에서 지급한 실업수당으로 생활을 꾸려나갈 수 있었어. 그리고 머지않아 조합에서 다시 일할 수 있었어. 전 세계가 고통받았던 경제 위기로 많은 회사들이 문을 닫고, 노동자들이 실업자가 되었지만 몬드라곤 그룹은 이 위기를 슬기롭게 이겨냈어.

몬드라곤 그룹은 조합의 든든한 미래를 다지기 위해 기술 연구소 협동조합인 '이켈란'을 운영했어. 앞으로 닥칠 위기를 대비하고, 계속 발전하기 위해 기술 개발을 게을리하지 않겠다는 다짐이었지. 250개가 넘는 협동조합이 서로서로 돕는 몬드라곤 그룹은 오늘도 단단하게 뿌리를 내리고 있어. 거센 바람이 불어와도 결코 쉽게 흔들리지 않을 거야.

 한눈에 보는 '몬드라곤 그룹'

이켈란
새로운 기술을 개발하는 연구소 협동조합이에요.

미래를 대비해요!

여러 협동조합이
서로를 도와요!

몬드라곤 그룹
250개가 넘는 협동조합들이
한데 모여 큰 그룹을 이뤄요.

든든히 지원해요!

까하 라보랄
협동조합의 사업에 필요한 자금을
안정적으로 지원해요.

라군 아로
조합원들에게 의료 서비스를 제공하고,
일자리를 잃거나 퇴직한 조합원들을 지원해요.

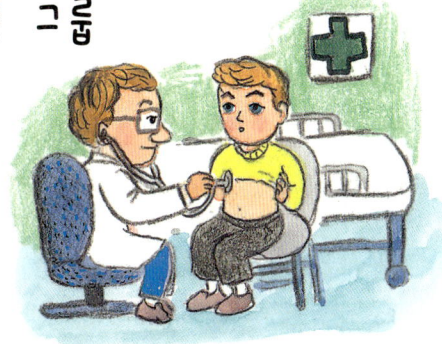

 한걸음 더, 숨은 경제 이야기

사회적 경제

스페인의 몬드라곤 협동조합은 '사회적 경제'의 성공한 예로 꼽혀요. 그렇다면 '사회적 경제'란 무엇일까요?

'사회적 경제'는 우리가 함께 살아가는 공동체를 위해 상품을 생산하거나 서비스를 제공하고, 거기서 얻은 이익을 분배하는 경제 활동을 말해요. 사회적 경제에서 가장 중요하게 생각하는 가치는 이윤을 많이 남겨 큰돈을 버는 것이 아니에요. 대신에 사람, 즉 '우리'를 먼저 생각해요. 더 많은 이익을 위해 경쟁하지 않고, 사람들이 겪는 사회적 문제를 해결하고, 사회적 약자를 존중해요.

몬드라곤 협동조합도 공동체 사람들에게 좋은 일자리를 계속해서 만들어주는 것을 목적으로 삼았어요. 더 많은 이익을 남기는 데 초점을 맞춰 협동조합을 운영하지 않고, 항상 민주적인 방법으로 조합원들과 의견을 나누었어요. 원하는 사람은 자유롭게 조합원이 될 수 있고, 누구나 한 표씩 민주적으로 의사 표시를 할 수 있도록 했죠. 경제 위기 때에도 조합원들은 일하는 시간을 조금씩 줄여, 다른 조합원들과 일자리를 나누었어요. 이렇게 몬드라곤 협동조합처럼 함께 힘을 모아, 민주적인 방법으로 공동체를 위한 경제 활동을 하는 것이 바로 '사회적 경제'랍니다.

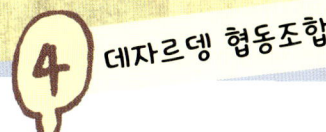

구멍난 지갑 채우기

셀린은 두 손 가득 돈을 움켜쥐고, 서둘러 자루에 옮겨 담았어.
그런데 아무리 돈을 퍼 담아도 자루가 반도 채워지지 않는 거야.
열심히 채운 동전과 지폐는 바닥에 나뒹굴고 있었어.
자루 바닥에 난 커다란 구멍 때문이었어.
'어떡하지? 이제 곧 그림자가 올 텐데! 우리 엄마, 아빠 어떡해!'

　1897년 겨울, 캐나다 퀘백 주는 하얀 눈에 뒤덮여 있었어. 유유히 흐르던 세인트로렌스 강도 꽁꽁 얼어붙었지. 배를 타고 강을 건너려면 두꺼운 얼음을 깨야 했어. 형편이 좋은 도시 사람들은 매서운 겨울바람을 피해 따뜻한 집 안에서 시간을 보냈어. 벽난로에 불을 피워 굴뚝에선 쉴 새 없이 연기가 피어올랐어.

　하지만 대다수의 프랑스계 주민들이 살고 있는 농촌은 사정이 달랐어. 벽난로는커녕 낡은 오두막 안으로 새어 들어오는 찬바람을 참아야 했지. 셀린의 방도 가득 찬 냉기에 코끝이 시릴 지경이었어. 셀린은 담요를 머리끝까지 쓰고 한참을 뒤척인 후에야 잠이 들었어. 그런데 곧 무서운 악몽을 꾸고 말았어.

꿈속에서 검은 그림자가 셀린에게 다가와 말했어.

"오늘 밤까지 이 자루에 돈을 가득 채워 놓아라. 실패했다간 자루 대신 네 부모님을 데려갈 게야! 다시는 만날 수 없는 곳으로 말이야."

그림자의 으스스한 목소리에 셀린은 딜컥 겁이 났어. 텅 빈 자루를 들고는 주위를 두리번거리며 돈을 찾았어. 다행히 한 항아리 안에 지폐와 동전이 가득 들어 있었어!

'휴, 다행이다. 이제 이걸 자루에 옮겨 넣기만 하면 돼!'

셀린은 두 손 가득 돈을 움켜쥐고, 서둘러 자루에 옮겨 담았어. 그런데 아무리 돈을 퍼 담아도 자루가 반도 채워지지 않는 거야. 열심히 채운 동전과 지폐는 바닥에 나뒹굴고 있었어. 자루 바닥에 난 커다란 구멍 때문이었어.

'어떡하지? 이제 곧 그림자가 올 텐데! 우리 엄마, 아빠 어떡해!'

셀린을 자루를 끌어안고 엉엉 울다 악몽에서 깨어났어.

　잠이 깼는데도 놀란 마음이 진정되지 않았어. 너무 생생한 꿈이었거든. 셀린은 옆방으로 달려갔어. 불길한 꿈이 무서웠거든. 열린 문틈 사이로 아직 잠들지 않은 부모님이 보였어. 촛불도 없는 캄캄한 방 안에서 두 분은 이야기를 나누고 있었지. 창가에 달빛이 비

치자 눈물을 흘리고 있는 엄마의 얼굴이 보였어.

"여보, 이제 더는 못하겠어요. 아무리 돈을 아껴 모아도 빚을 다 갚을 수가 없어요. 어머님이 물려주신 하나 남은 은촛대도 팔아야 할까 봐요."

셀린은 방문을 열려다 말고 부모님의 대화를 엿들었어. 자주 듣던 돈 얘기가 들려왔어. 가난한 셀린네 가족은 늘 빚에 허덕였거든. 식비에, 이듬해에 심을 채소 모종 살 돈까지 항상 걱정해야 했지. 하지만 아무리 그래도 할머니의 은촛대까지 팔아야 한다니!

셀린의 표정이 어두워졌어.

"일단 내일 헌트 씨를 만나 사정을 얘기해 봐야겠소. 은촛대도 큰 도움이 못될 거요. 여태껏 이를 악물고 갚은 이자만 200달러가 넘소. 우리가 빌린 돈은 80달러인데…, 이거 참 너무하오."

헌트 씨 이름을 들으니 셀린의 심장이 다시 벌렁거리는 것 같았어. 꿈에서 무서운 그림자를 봤을 때처럼 말이야.

헌트 씨는 마을에서 악명이 높았어. 가난한 농민들에게 돈을 빌려주고, 아주 높은 이자를 받는 고리대금업을 하거든. 빌린 돈의 두세 배가 훌쩍 넘는 돈을 이자로 받아갔지. 열심히 당근과 감자를 심고 사과를 길러 팔아도 농민들의 지갑은 채워질 줄 몰랐어. 힘들게 번 수입조차 이자로 몽땅 내야 했으니까.

점점 늘어나는 이자를 갚지 못한 사람들은 살던 오두막과 농장을 넘겨야 했어. 심지어 이자를 갚기 위해 또 다른 고리대금업자에게 돈을 빌리는 사람들도 생겨났지. 작년 이맘때 셀린의 친구 루이네는 결국 살던 오두막을 잃고 헌트 씨를 피해 한밤에 도망을 치고 말았어. 작별 인사조차 할 수 없었지. 그 뒤로 셀린은 헌트 씨의 이름만 들어도 깜짝깜짝 놀랐어. 루이가 떠나고 셀린은 아빠에게 물었어.

"아빠, 헌트 씨 같은 못된 고리대금업자 말고 다른 사람한테 돈

빌리면 안 돼요? 은행에 가면 되잖아요. 거기선 비싼 이자를 안 받는데요. 저도 학교에서 다 배웠다고요."

"네 말이 맞다, 셸린. 나도 마을 사람들도 은행에서 돈을 빌리고 싶어. 하지만 너도 우리 마을에서 은행을 본 적이 있니? 은행은 모두 저 멀리 시내에만 있어. 힘들게 찾아간다 해도 우리같이 가난한 농민들은 상대도 해주지 않는단다."

시내에 있는 은행들은 부유한 사람들을 위한 것이었어. 가난한 농부들에겐 여러 가지 이유를 들어 돈을 빌려주는 것을 거절했지.

땅이나 현금 등 담보가 없는 농부들이 돈을 갚지 못할까봐 말이야. 결국 돈이 필요했던 마을 사람들은 고리대금업자인 헌트 씨를 찾을 수밖에 없었어.

다음 날 아침, 헌트 씨가 셀린네 집으로 찾아왔어. 한 손에는 두꺼운 장부를 들고 있었지. 셀린은 할머니의 은촛대를 꼭 끌어안고 침대 아래 숨었어. 거실에서 어른들의 심상치 않은 목소리가 들려왔어.

"헌트 씨, 간곡히 부탁드릴 게 있어요. 높은 이자를 계속 감당할 수가 없어요. 그동안 죽을 힘을 다해 한 번도 밀리지 않고 갚아왔으니, 이제 이자를 좀 내려줄 수 없겠소?"

헌트 씨는 얼굴을 찌푸리며 장부를 뒤적였어.

"어디 보자… 랑베르 씨, 작년 봄에 80달러를 빌렸군요. 흠…, 이자엔 전혀 이상이 없는걸요? 나는 고리대금업자요. 돈을 제대로 갚을지도 모를 당신 같은 가난한 사람에게 돈을 빌려주었는데, 이 정도 이자는 당연한 거지요. 아니 이거 오히려 다른 집보다 내가 더 싸게 받은 거 같은데요. 에헴!"

화가 난 아빠는 입술을 꾹 깨물었어. 하지만 아무 대꾸도 할 수 없었어. 아빠가 은행에서 돈을 빌릴 수 없다는 것을 헌트 씨가 누구보다 잘 알고 있었으니까.

"말도 안 되는 소리 그만 하시고, 이번 달 이자나 당장 주시오. 뭐 돈이 없다면 말하쇼. 장부에 적어 놓을 테니. 물론 돈을 밀렸으니 이자는 당연히 늘어나는 거 잘 알죠?"

"이거 완전 사기 아니요? 참는 데도 한계가 있소!"

결국 아빠가 언성을 높이자, 엄마가 얼른 아빠를 막아섰어.

"여보, 진정해요. 이러다 헌트 씨한테까지 돈을 못 빌리면 당장 밭에 심을 모종도 못 사요. 일단 오늘 이자 내고 우리 다시 방법을 찾아 봐요. 일단 은촛대 팔아요."

엄마는 은촛대를 가지러 셀린의 방으로 갔어.

"삐걱- 삐-걱-"

엄마의 발걸음에 낡은 마룻바닥이 울렸어. 소리가 가까워질수록 셀린은 할머니의 은촛대를 더 세게 껴안았어. 매일 손수건으로 정성스럽게 닦고 초를 켜던 할머니의 모습이 떠올랐지. 하지만 어쩔 도리가 없었어. 셀린은 은촛대를 끌어안은 채 엉엉 울기 시작했어. 어젯밤 악몽을 다시 꾸는 것만 같았어.

어떻게 하면 셀린의 가족이 고리대금업자 헌트 씨에게서 벗어날 수 있을까? 셀린의 농촌 마을에도 은행이 생길 수는 없는 걸까?

고리대금의 늪에 빠진 사람들

셀린이 살고 있는 캐나다 퀘백 주에는 프랑스계 주민들이 많아. 그래서 퀘백 주에 가면 영어와 프랑스어가 나란히 적힌 표지판을 쉽게 찾아볼 수 있어.

1800년대 말, 대다수의 프랑스계 주민들은 퀘백의 농촌 지역에 살았어. 당시 캐나다의 경제 상황은 좋지 않았거든. 특히 농촌에 사는 프랑스계 주민들은 셀린네 가족처럼 가난에 시달렸어. 가난한 농민들은 은행에서 돈을 빌리는 것도 어려웠어. 과거에는 지금처럼 은행이 도시 곳곳에 있지 않았거든. 은행들은 농촌과 멀리 떨어진 시내에서만 문을 열었어. 게다가 은행들은 적은 돈을 빌리려는 가난한 사람들보다 부자 고객들을 주로 상대했지.

농사를 짓고, 생활을 꾸려나가는 데 당장 돈이 필요했던 농민들은 고리대금에 의지할 수밖에 없었어. 은행보다 돈을 쉽게 빌릴 수 있었으니까. 고리대금업자들은 담보가 없는 가난한 사람들에게도 돈을 빌려줬어. 대신 사람들은 값비싼 이자를 내야 했지. 결국 빌린 돈의 수십, 수백 배에 달하는 이자로 인해 많은 농촌 사람들이 빚더미에 올랐어.

몬트리올에 사는 한 주민은 150달러를 빌리고 이자를 합쳐 5,000달러를 갚아야 했어. 무려 3,000퍼센트에 달하는 살인적인 이자가 붙은 거야. 고리대금에서 헤어 나오지 못하는 농민들은 더욱더 가난해졌어.

데자르댕의 결심, 신용협동조합을 세워라

퀘백 주 레비에서 태어난 알퐁스 데자르댕은 몬트리올에서 벌어진 충격적인 고리대금 사건을 들었어. 그는 고리대금에 고통받는 사람들을 더 이상 두고 볼 수 없었어. 그래서 부인 도리멘 데자르댕과 함께 가난한 주민들이 쉽게 이용할 수 있는 은행을 설립하기로 마음먹었어. 지역 주민들이 주인이 되는 은행을 만들기로 말이야. 데자르댕 부부는 1900년 퀘백 레비의 작은 건물에 협동조합 은행 '민중금고(People's bank)'를 만들었어. 오늘날 데자르댕 신용협동조합의 시작이었지.

데자르댕은 출자금으로 5달러를 내면 누구나 조합원이 될 수 있도록 했어. 출자금 5달러도 1년 동안 나눠서 낼 수 있도록 했어.

주당 10센트씩 말이야. 경제적으로 어려운 농민들도 조합원이 될 수 있도록 하기 위한 조치였어.

조합원들은 민주적인 절차로 신용협동조합을 운영했어. 조합원들의 투표를 통해 뽑힌 사람들이 은행의 운영을 담당했지. 조합원들은 누구나 공평하게 한 사람당 한 표씩을 가졌어. 조합은 일반 은행들과 달리 가난한 사람들에게도 적극적으로 다가갔어. 돈벌이가 되지 않아 일반 은행들이 꺼려하는 외진 농촌 지역에도 지점을 냈어. 농민들은 조합에 적정한 이자를 내고 돈을 빌릴 수 있게 됐어. 빌린 돈을 훌쩍 뛰어넘는 불합리한 고리 이자를 낼 필요가 없어진 거야.

데자르댕 조합은 고리대금에 신음하던 농민과 가난한 사람들에게 큰 지지를 받았어. 레비 지역을 시작으로 '민중금고' 설립이 확대됐어. 1915년까지 100개가 넘는 '민중금고'가 세워지고, 국경을 넘어 미국에까지 전파됐어. 이를 '데자르댕 운동'이라고 불러.

안전하게! 탄탄하게!

데자르댕 신용협동조합은 빠르게 성장했어. 1900년대를 시작으로 현재까지 퀘백 주 전체 주민의 무려 70퍼센트가 조합원으로 참여하고 있어. 조합원들은 조합을 신뢰하며 돈을 빌리고 갚고 또 저금했어. 일반 은행들과 달리 조합은 높은 수익을 내기 위해 위험한 투자를 하지 않았거든. 대신 조합원들에게 가장 필요한 대출과 예금 업무에 집중했지.

1960년대 이후에는 조합도 일반 은행들처럼 보험 등 다양한 금융 서비스를 시작했어. 하지만 여전히 투자한 돈을 잃을 가능성이 높은 금융 상품은 개발하지 않았어. 조합원들은 조합의 자산이 안전하게 운영되기를 원했으니까. 그래서 투표를 통해 조합의 사업과 운영 방식을 감시하고 견제했어. 조합의 자산이 원칙대로 운영되고 있는지, 무리한 사업에 투자를 하는 건 아닌지 지켜보는 거야.

　2008년 세계 금융 위기가 닥쳤을 때도 조합은 피해를 입지 않았어. 반면 위험하고 무리한 투자를 한 많은 은행들은 큰 위기를 맞았어.

　현재 데자르댕 협동조합은 퀘백 주에서 가장 큰 금융업체야. 퀘백 주 곳곳에서 조합의 점포를 이용할 수 있지. 가난한 농민들이 생활비를 아껴 10센트씩 모은 출자금이 거대한 변화를 이뤄낸 거야.

지역사회와 함께 가요

조합의 자산은 크게 늘어났지만, 경제적으로 소외된 사람들을 위해 일한다는 원래 목적은 바뀌지 않았어. 2000년대에도 계속해서 외진 농촌 지역에 점포를 늘려 나갔어. 또 소규모 대출인 '마이크로 크레딧' 사업도 계속 해나갔어. 작은 규모의 사업을 하는 회사나, 새로 설립된 협동조합들은 일반 은행에서 대출을 받기가 어려워. 담보로 제공할 재산이 없고, 빌려준 돈을 회수하지 못할 가능성도 있기 때문이야. 하지만 데자르뎅 협동조합은 500달러부터 많게는 1,000달러까지 소규모 대출을 해주고 있어. 조합과 조합원들의 서로에 대한 신뢰가 바탕이 되었기 때문에 가능한 일이야.

조합은 지역사회를 위한 사업을 진행하는 사회적 기업과 단체들도 지원하고 있어. '연대저축기금'을 만들어서 돈을 빌려주고 있지. '태양의 서커스'라는 공연을 지원한 것이 유명해. 퀘백 거리에서 공연을 하던 사람들이 모여 만든 작은 서커스단은 연대저축기금에서 대출을 받았어. 이를 계기로 세계적으로 인기를 누리는 공연으로 발전했지.

조합이 연대저축기금을 지원할지 말지를 정하는 가장 큰 기준은 무엇일까? 수입을 빠르게 많이 낼 수 있는 사업들을 골라 지원하는 걸까?

조합은 지역사회에 기여하는 사업인지를 제일 중요한 판단 기준으로 삼아. 100여 년 전 높은 수익이 아닌 오직 지역사회 사람들을 위한 금융 사업을 계획한 데자르댕 부부와 조합원들의 생각이 지금까지도 이어져 오고 있는 거야.

한눈에 보는 '데자르뎅 협동조합'

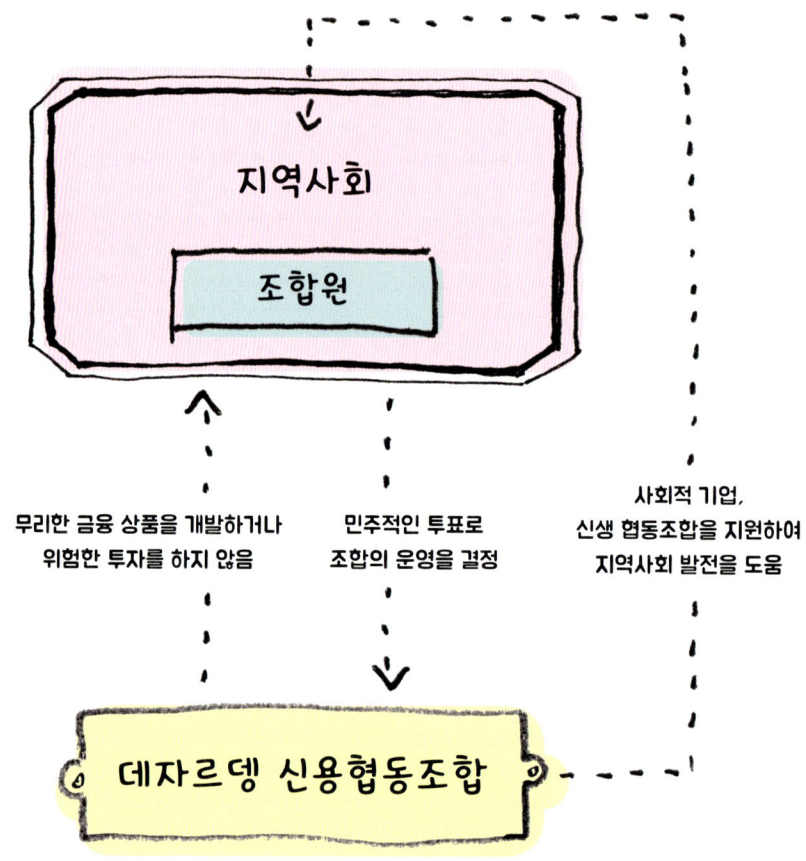

한걸음 더, 숨은 경제 이야기

마이크로 크레딧 (Micro Credit)

마이크로 크레딧은 옛날 퀘백 주의 가난한 농민들과 같이 소득이 적은 저소득층과 빈민을 위한 대출이에요. '아주 작은 것'이라는 뜻을 가진 '마이크로(micro)'에서 알 수 있듯이 적은 금액의 돈을 빌려준답니다. 일반 은행과는 다르게 담보 없이도 돈을 빌릴 수 있도록 했어요.

일반 은행에서 대출을 받으려면 어느 정도 재산이 있어야 해요. 은행은 재산을 담보로 잡고 돈을 빌려줘요. 돈을 빌린 사람이 못 갚을 경우 대신 그 담보를 가져가기 위해서죠. 하지만 저소득층과 빈민층은 담보로 잡힐 현금이나 땅 등의 재산이 없었어요. 그래서 값비싼 이자를 내야 하는 고리대금업을 이용할 수밖에 없었죠. 이런 문제를 해결하기 위해 방글라데시의 무하마드 유누스 교수가 '그라민 은행'을 만들었어요. 방글라데시의 빈민들은 마이크로 크레딧을 이용해 농사지을 씨앗이나 바구니 만들 재료를 샀어요. 그리고 수확한 농작물과 바구니 등을 시장에 팔아 돈을 벌고, 빌린 돈을 갚았답니다. 마이크로 크레딧은 빈민과 저소득층이 경제적으로 자립할수록 돕고 있어요.

4장 데자르뎅 협동조합 | 91

 카디아이 협동조합

엄마의 하루, 모나카의 하루

"야옹, 야옹!"
가만히 웅크리고 있던 미샤가 긴 꼬리를 살랑살랑 움직였어.
엄마가 오셨나봐.
미샤는 늘 모니카보다 먼저 엄마를 알아봐.
"엄마! 다녀오셨어요?"

    삐거덕거리는 486개의 나무 계단을 오르면 아시넬리 탑 꼭대기에 오를 수 있어. 좁은 탑 위에서 내려다보는 도시의 모습은 매우 아름다워. 붉은 빛 지붕이 빼곡히 들어선 이곳은 이탈리아 볼로냐야. '붉은 도시'라는 별명으로도 불려.

    모니카는 볼로냐에서 태어나고 자랐어. 구시가 구석구석 모르는 골목길이 없지! 저녁을 먹고 나면 늘 외할아버지 손을 잡고 산책을 다녔거든. 외할아버지도 볼로냐에서 태어나 모니카의 엄마를 기르셨대. 그래서 볼로냐에 대해 모르는 게 없으셔.

"모니카, 이번엔 마조레 광장으로 갈까? 산 페트로니오 성당에 대한 얘기를 들려주마."

"네, 좋아요!"

모니카는 외할아버지와 보내는 저녁 시간을 좋아해. 아빠, 엄마가 없는 썰렁한 집에 있으면 외롭고 심심하거든. 이탈리아 북쪽에 있는 베네치아에서 일하는 아빠는 주말에만 집에 오고, 엄마도 퇴근이 늦어. 엄마는 몸이 불편한 노인들을 돌보는 일을 해. 노인들 집에 찾아가 식사를 챙기고, 집안일을 도와. 오늘은 심한 관절염 때문에 걷지 못하는 미켈라 할머니를 돌보러 갔어. 친절하고 성실한 엄마는 여러 사람들로부터 일을 부탁받았거든. 엄마도 노인들을 돌보는 일을 좋아했어. 아픈 할아버지, 할머니들을 보면 일찍 돌아가신 외할머니가 생각난대.

"외할머니 생각이 나서 늘 열심히 하게 돼. 모니카, 엄마는 나중에 꼭 아픈 할머니, 할아버지들이 모여 함께 지낼 수 있는 곳을 만들고 싶어."

밀려드는 일로 늘 바빴지만 엄마는 돈을 많이 받진 못했어. 계약서를 쓰고 정식으로 일을 하는 게 아니었거든. 그래서 일하는 곳이 자주 바뀌거나, 갑자기 일을 그만둬야 하기도 했어. 같은 일을 하는 안젤리나 아주머니와 사라 아주머니도 마찬가지였지. 아픈 노인이나 아이들을 돌보는 일은 주로 여성들의 일이었어. 하지만 일한 만큼 제대로 대우를 받지 못했어.

저녁 산책이 끝나면 외할아버지는 일찍 잠자리에 들어. 그러면 모니카는 집 앞 벤치에 앉아서 늦게 퇴근하는 엄마를 기다려. 고양이 미샤를 무릎에 올려놓고 말이야.

"야옹, 야옹!"

가만히 웅크리고 있던 미샤가 긴 꼬리를 살랑살랑 움직였어. 엄마가 오셨나봐. 미샤는 늘 모니카보다 먼저 엄마를 알아봐.

"엄마! 다녀오셨어요?"

모니카는 미샤를 품에 안고 쪼르르 달려갔어. 하루 종일 엄마에게 재잘거리고 싶었던 얘기가 산더미였거든. 특히 다음 달에 온 가족이 떠나기로 한 베네치아 여행에 대해서 말이야!

"모니카, 오늘 하루 잘 보냈니? 엄마가 좀 늦었지?"

엄마는 모니카와 미샤를 다정하게 쓰다듬었어. 그런데 부드러운 손길과 달리 엄마의 표정이 왠지 어두워 보였어.

베네치아에 가서 하고 싶은 일을 신나게 늘어놓던 모니카가 엄마의 눈치를 살폈어. 엄마가 모니카의 얘기를 듣는 둥 마는 둥 했거든.

"엄마, 왜 제 얘기 안 들어주세요? 하루 종일 엄마만 기다렸다고요!"

모니카는 자기도 모르게 잔뜩 심통난 목소리로 쏘아붙였어.

"미안, 오늘 좀 피곤해서 그래. 미켈라 할머니 목욕시켜 드렸거든. 우리 베네치아 여행은 말이야…."

모니카는 입을 삐죽 내밀고는 미샤가 있는 방으로 들어가 버렸어. 더 이상 듣고 싶지 않았지. 엄마는 베네치아 여행 얘기만 나오면 말을 요리조리 돌리는 것 같았어. 벌써 두 번이나 미뤘던 여행인데 말이야.

엄마는 굳게 닫힌 모니카의 방문을 한참 동안 바라봤어. 그리고 내일 미켈라 할머니에게 가져다 줄 우유 푸딩을 챙기고는 잠자리에 들었어.

다음 날 아침, 피곤하다던 엄마는 결국 일을 가지 못하게 됐어.

열이 많이 오르는 통에 두통도 심했지. 얼굴이 벌겋게 달아오른 엄마를 보니 모니카는 걱정이 됐어. 여태껏 아파서 일을 빠진 엄마를 한 번도 본 적이 없었으니까.

"모니카, 엄마 부탁 좀 들어줄래? 미켈라 할머니께 부엌에 있는 우유 푸딩 좀 갖다드려. 어제 계속 먹고 싶다고 하셨는데, 오늘 못 가져가면 금방 상할 거야."

모니카는 말없이 고개를 끄덕이고는 집을 나섰어. 어제 툴툴거린 게 마음에 걸렸거든. 엄마가 이렇게 많이 아픈 줄도 모르고 말이야.

"달그락, 달그락."

작은 가방에 챙긴 우유 푸딩 병이 서로 부딪히며 소리를 냈어. 기다리고 있을 미켈라 할머니 생각에 모니카의 발걸음도 빨라졌어.

미켈라 할머니는 작은 아파트에 살고 있었어. 현관문이 반쯤 열려 있었지. 모니카가 문을 두드렸는데도 안에서는 아무 반응이 없었어.

"안녕하세요, 할머니."

"야옹- 야옹!"

미켈라 할머니 대신 주홍색 고양이 한 마리가 모니카를 맞았어. 할머니가 키우는 고양이였지. 모니카는 고양이를 따라 거실로 갔어. 소파에 앉아 졸고 있던 할머니가 그제야 눈을 떴어.

"아이쿠, 깜빡 졸았네. 네가 모니카니? 엄마한테 전화 받았다. 와 줘서 고맙구나."

모니카는 할머니께 엄마가 만든 우유 푸딩을 건네 드렸어.

"이게 어찌나 먹고 싶던지. 네 엄마가 만든 게 최고란다. 입안에서 살살 녹지. 부엌에서 작은 숟가락 좀 가져다줄래?"

모니카는 숟가락과 선반에 널려 있던 손수건도 하나 챙겼어. 엄마가 늘 일하러 갈 때 주머니에 챙겨 가던 게 기억났거든. 미켈라 할머니는 맛있게 우유 푸딩을 먹었어. 입가에 우유 푸딩이 묻을 때마다 모니카가 얼른 손수건으로 닦아 드렸지.

"엄마를 닮아서 아주 야무지구나. 집에 가면 엄마도 잘 간호해 드리렴. 베네치아 여행 가야 한다고 요새 저 언덕 너머 동네까지 일을 다니더구나, 쯧쯧. 몸이 아플 만도 해."

"언덕 너머 동네까지요?"

처음 듣는 얘기에 모니카는 깜짝 놀랐어. 베네치아 여행 때문에 엄마가 일을 더 많이 하는지 몰랐거든. 어제 저녁 엄마에게 쏘아붙인 일이 더 후회됐어. 얼른 집으로 가서 아픈 엄마를 보살펴 드리고 싶었지.

집으로 돌아가는 모니카에게 할머니는 부엌에 있던 사과를 한 아름 챙겨 주셨어.

"엄마랑 같이 먹으렴. 네 엄마가 늘 와줘서 외롭지 않았는데 오늘은 모니카까지 만나니 아주 기쁘구나. 자주 놀러 오렴."

"네, 할머니. 고맙습니다."

사과를 챙긴 모니카는 현관 앞에 잠시 멈춰 섰어. 고양이의 빈 밥그릇이 뒹굴고 있었거든. 모니카는 옆에 있던 큰 봉지에서 먹이를 한 움큼 꺼냈어. 깨끗한 물도 채워주었지. 계단을 내려오는 모니카 뒤로 야옹 야옹 고양이 우는 소리가 들려왔어.

모니카는 엄마가 좋아하는 이 일을 계속 할 수 있으면 좋겠다고 생각했어. 엄마를 좋아하는 미켈라 할머니를 만나고 나니 더더욱 그랬지. 하지만 엄마가 일을 하며 아픈 건 싫었어.

엄마가 하는 일이 제대로 대우를 받을 수는 없는 걸까? 그러면 무리해서 일을 하지 않아도 될 텐데 말이야. 엄마가 좋아하는 일을 즐겁게 하려면 어떻게 해야 할까?

불안한 일자리를 걱정해야 했던 여성들

1970년대 이탈리아에서는 어린아이, 노인과 장애인을 돌보는 일을 하는 여성들이 많았어. 유치원에서 아이들을 가르치기도 하고, 병원에서 간호사로 일하며 아픈 사람들을 돌봤지. 또 모니카의 엄마처럼 노인들의 식사를 챙기고, 집을 청소해 주기도 하는 돌봄 서비스를 했어.

하지만 이러한 직업을 가진 여성들은 임금을 충분히 받지 못했어. 도움이 필요한 사람들을 돌보는 여성들의 일이 제대로 대우를 받지 못했기 때문이었어. 많은 여성들이 모니카 엄마와 안젤리나

아주머니처럼 정식 계약서 없이 일하기도 했어. 적은 임금과 불안정한 일자리 때문에 여성들은 많은 어려움을 겪어야 했어. 자주 일하는 곳을 옮겨야 하거나, 갑자기 해고되는 경우도 많았어.

1974년, 일자리를 잃은 유치원 선생님, 간호사, 간병인 등 여성 30여 명이 모여 '카디아이'라는 협동조합을 만들었어. 카디아이는 조합원들이 돌봄 서비스 산업에서 제대로 된 임금을 받고, 안정적으로 일할 수 있는 일자리를 찾을 수 있도록 도왔어.

카디아이의 변신, 사회적 협동조합이 되다

1970년대 말에는 볼로냐 시에서 운영하던 돌봄 서비스를 정식으로 맡게 되면서 조합원들이 좀 더 나은 조건에서 일할 수 있게 되었어. 조합원들은 점점 생활을 꾸려나갈 만한 제대로 된 임금을 받고, 언제 일자리를 잃을지 몰라 마음을 졸일 필요가 없게 됐어.

카디아이는 조합원들을 위해 다양한 훈련 프로그램을 제공했어. 간단한 물리치료법을 알려주기도 하고, 조합원들이 돌보는 아이들과 노인들과 상담을 잘 하는 방법을 교육하기도 했지. 이를 통해 조합원들은 더 탄탄한 실력을 길러 자신의 일을 계속 해나갈 수 있었어. 수준 높은 카디아이의 돌봄 서비스를 찾는 사람들도 더 많아졌지.

1990년대에 들어 카디아이는 큰 변화를 맞게 돼. 바로 사회적 협동조합이 된 거야. 사회적 협동조합은 지역 주민들을 위한 공익 사업을 해. 돈을 많이 벌거나, 오직 조합원들의 이익을 위해서만 운영되지 않아. 카디아이 조합원들이 해온 돌봄 서비스는 우리 사회에 꼭 필요한 일이야. 많은 어린이와 노인 그리고 장애인이 사회의 도움을 필요로 하고 있지. 그래서 볼로냐 시청 같은 공공 기관들은 카디아이의 돌봄 서비스를 구입해 시민들에게 제공하고 있어.

우리 사회 곳곳을 돌보는 손길

카디아이는 볼로냐 시에서 다양한 돌봄 서비스를 제공하고 있어. 조합원들은 아이들과 노인들 그리고 장애인들의 집을 방문해 돌보고 있어. 낮 시간에만 방문해서 장애인들의 식사를 돕기도 하고, 청소, 빨래 등 집안일을 대신하기도 해. 아픈 노인들을 찾아가 물리치료를 하기도 하지.

카디아이는 노인들을 위한 요양원도 운영하고 있어. 노인들을 돌보는 간병인 조합원과 간호사, 물리치료사 등 다양한 업무를 하는 조합원들이 함께 일하고 있지. 요양원은 버려진 낡은 건물을 새로 단장해서 만들었어. 이곳에선 몸이 불편한 노인들이 식당에서 같이 식사를 하고, 소파에 앉아 이야기를 나누며 하루를 보내.

카디아이는 어린이들을 돌보는 일에도 열심히 참여하고 있어. 장애가 있는 어린이들을 돌보는 일도 그중 하나야. 조합원들은 아이들의 집을 찾아가 교육해. 훗날 일반 학교에 들어가 다른 아이들과 함께 어울려 공부할 수 있도록 말이야. 이밖에 지적 장애를 가진 어린이들도 돌보고 있어.

카디아이를 통해 조합원들은 안정된 일자리를 얻고, 지역 주민들은 만족스러운 돌봄 서비스를 받고 있어. 볼로냐는 더 살기 좋은 도시가 되어가고 말이야.

모여라, 협동조합! 카라박 프로젝트

카디아이에서 하고 있는 일 중에 흥미로운 것이 하나 있어. 볼로냐에 매우 특별한 유치원을 세우는 거야. 여러 협동조합들과 힘을 합쳐서 말이야. 이 일을 '카라박 프로젝트'라고 불러.

볼로냐에 유치원을 더 만들기 위해 다섯 개의 협동조합과 볼로냐 시가 한 팀이 되었어. 먼저 볼로냐 시는 유치원을 지을 땅을 제공했어. 그 땅 위에 건축노동자 협동조합인 '치페아'가 유치원 건물을 지었어. 치페아는 유치원 지붕 위에 태양열을 모으는 집열판을 설치했어. 태양열을 이용해 따뜻한 물과 전기를 사용할 수 있도록 말이야. 친환경 재료를 이용해 지은 유치원은 널찍하고 빛이 잘 들어와 아이들이 마음껏 뛰어놀 수 있어. 급식노동자 협동조합인 '캄스트'는 신선하고 영양가 있는 음식을 아이들에게 제공했어. 카디아이

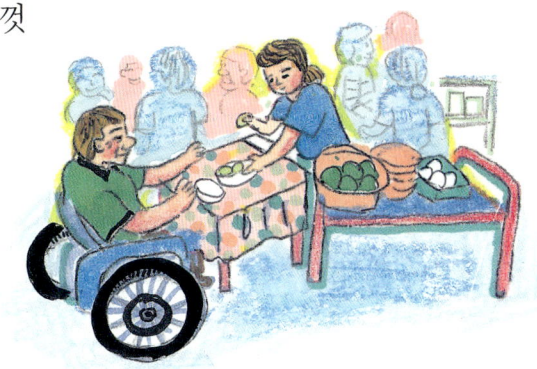

는 유치원에 선생님을 보냈지. 이밖에도 유치원 시설을 관리하는 '마누텐코프' 협동조합과 육아와 교육을 전문으로 하는 협동조합 '소시에타 돌체'도 힘을 모았어.

카라박 유치원에서 아이들은 선생님과 함께 재미있게 공부하고, 친구들과 신나게 뛰어놀았어. 건강한 음식을 먹으며 쑥쑥 자라는 것은 물론이고!

볼로냐 시는 유치원을 운영하는 데 들어가는 돈을 지원했어. 그리고 20년 뒤에는 볼로냐 시가 유치원을 소유하기로 했어. 카라박 프로젝트에 참여한 협동조합들은 조합원들에게 그 기간 동안 안정적인 일거리를 제공할 수 있게 됐지. 카디아이 조합원인 선생님들은 다른 곳보다 좋은 대우를 받고 있어. 조합원이 임신을 할 경우에는 유치원 근무 시간을 조정할 수 있도록 해. 무리해서 건강을 해치지 않도록 말이야.

여러 협동조합과 볼로냐 시가 함께 한 이 프로젝트는 지금도 성공적으로 진행되고 있어. 여러 개의 카라박 유치원이 만들어져 어린이들을 돌보고 있지. 차례로 짓는 유치원에는 카라박1, 카라박2, 3, 4, 5 이렇게 순서대로 이름을 붙여주고 있대. 똘똘 뭉친 협동조합들의 힘이 참 대단하지?

한눈에 보는 '카디아이 협동조합'

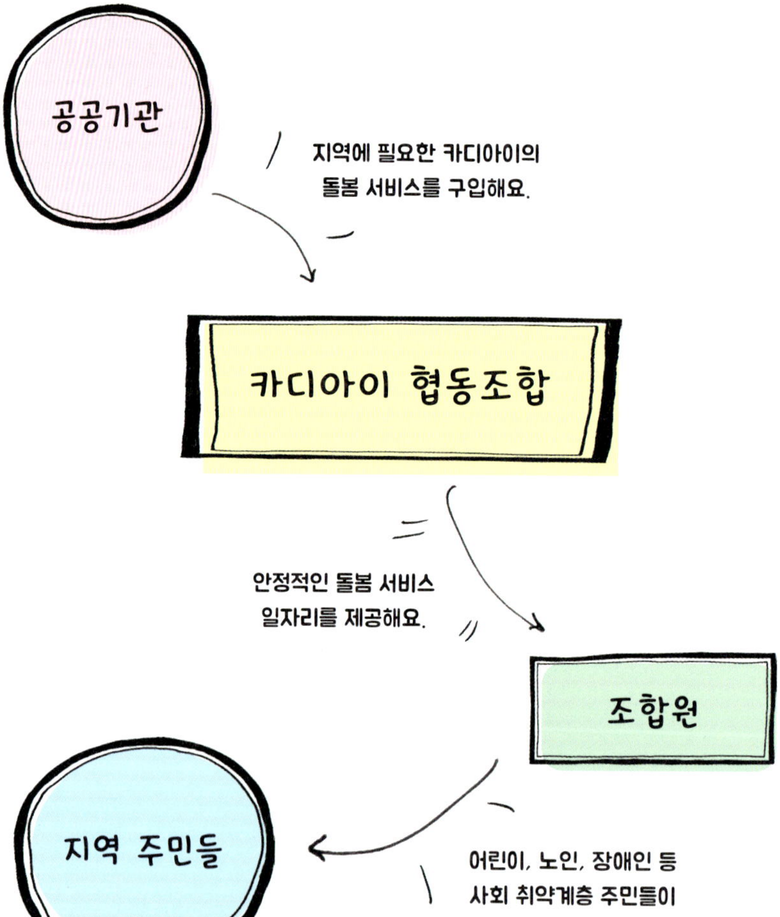

공공기관 → 지역에 필요한 카디아이의 돌봄 서비스를 구입해요.

↓

카디아이 협동조합

안정적인 돌봄 서비스 일자리를 제공해요.

↓

조합원

어린이, 노인, 장애인 등 사회 취약계층 주민들이 돌봄 서비스를 받아요.

↓

지역 주민들

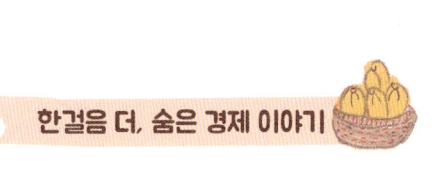

한걸음 더, 숨은 경제 이야기

협동조합의 도시, 이탈리아 볼로냐

이탈리아의 볼로냐는 협동조합의 도시로 유명해요. 볼로냐는 약 40만 명의 사람들이 모여 사는 아주 크지 않은 도시지만 경제적으로 부유한 곳이에요. 400여 개가 넘는 다양한 협동조합이 볼로냐 경제를 튼튼하게 뒷받침하고 있기 때문이에요. 볼로냐 사람들에게는 협동조합의 조합원이 되는 것이 낯선 일이 아니랍니다. 주민들은 협동조합에서 지은 집에 살며, 협동조합이 운영하는 유치원에 아이들을 보내요. 또 협동조합에서 운영하는 마트에서 신선한 토마토와 올리브 등을 사 요리하죠. 그래서 장을 보러 마트나 시장에 간다고 하는 대신 '쿱에 간다'라는 표현을 많이 써요. 이탈리아어로 협동조합을 뜻하는 '코페라테'를 줄여서 '쿱'이라고 부르는 거예요.

대표적인 볼로냐의 협동조합을 좀 더 알아볼까요?

- **이페르쿱_** 신선한 농산물과 식료품 및 가전제품 등을 저렴한 가격에 파는 협동조합 매장을 운영해요.

- **쿱안살로니_** 튼튼한 집을 지어 조합원들에게 저렴한 가격에 공급하는 협동조합이에요.

- **바라카_** 어린이들을 위한 연극을 공연하는 협동조합이에요. 해외에 나가 공연을 하기도 한답니다.

6 한살림 협동조합

가지 마, 형!

"이러다 마을이 아예 텅 비어버리겠구나!
대대로 이어온 우리 논밭은 그럼 누가 일구란 말이냐?"
"땀 흘려 키워서 내다 팔아봤자 비료 값에 일꾼들 품삯도 못 건지잖아요?
다 갈아엎어 버릴 배추를 뭐 하러 힘들게 키워요?"
점점 높아지는 목소리에 현수는 양손으로 귀를 틀어막았어.
'그래도 난… 그냥 다 같이 살고 싶은데.
가난해도 형이랑 할아버지랑 같이.'

"귀뚤귀뚤-"

1970년 가을, 강원도 원주의 한 농촌에선 벼가 누렇게 익어가고 있었어. 학교를 마친 현수는 짝꿍 진영이랑 집으로 향했어.

"우리 오빠 다음 주에 서울 가. 공장에 취직했대."

"진짜? 너희 아빠가 못 가게 한 거 아니었어?"

진영이는 풀 죽은 표정으로 고개를 저었어. 첨엔 반대하던 진영이 아빠도 어려워진 가정 형편 때문에 결국 허락했다고 해. 몇 년째 떨어지는 농산물 가격 때문에 빚을 진 진영이네는 논도 절반이나 팔아야 했거든.

"너희 형은 언제가? 너희 형도 서울에 일자리 찾고 있다던데? 우리 오빠한테 들었어."

현수는 깜짝 놀랐어. 형이 농사일을 그만두고 싶어 하는 건 알고 있었지만 진짜 서울에 가려고 하는 줄은 몰랐지.

'말도 안 돼! 나랑 할아버지를 두고 간다고?'

마음이 급해진 현수는 논길을 따라 허겁지겁 집으로 달려갔어.

단숨에 도착한 집에는 할아버지와 마을 어른들이 모여 있었어. 곤두박질친 배춧값 때문에 심각한 표정으로 이야기를 나누고 있었어.

"수확해 봤자 손해예요! 값싼 중국산 배추에 맞춰 팔았다가는."

"나는 이미 다 갈아엎었다네. 트랙터도 고장 나고 돈 들어갈 일이 한두 가지가 아니야. 앞이 캄캄하구먼!"

현수는 어른들에게 인사도 하는 둥 마는 둥 하고 작은 방으로 갔어. 형은 없었지만, 옷과 짐은 그대로였어. 큰 여행 가방도 제자리에 있었시.

"현수야, 형 대신 할애비 좀 도와줘야겠다. 어디에 또 정신이 팔렸는지 저녁에나 들어온다더라. 얼른 장화랑 챙겨 신고 나오너라."

마을 사람들이 돌아가고 할아버지가 논에 나갈 준비를 했어.

"네, 할아버지!"

현수는 그제야 마음이 조금 놓였어.

논에 나간 현수와 할아버지는 곳곳에 삐죽삐죽 솟아난 피를 뽑았어. 어찌나 많은지 허리 한 번 못 펴고 계속 일해야 했어.

'아우, 허리 아파.'

현수는 형과 함께 늘 할아버지를 도와야 했어. 마을에 일손이 점점 더 부족해져서 집집마다 온 가족이 농사일에 나서야 했지.

논에 갔다 오면 현수는 몸이 가려웠어. 몇 해 전부터 가려움증이 생겼거든. 살짝만 긁어도 피부가 금세 울긋불긋해졌어. 할아버지도 두통으로 고생했는데, 농약을 친 날은 더 힘들어 했어.

오늘도 논일을 마친 할아버지는 머리가 아프다며 자리를 펴고 누웠어. 저녁밥도 거르고 말이야. 하지만 핸드폰이 계속 울려대는 통에 할아버지는 잠들 수가 없었어. 오래된 경운기를 새로 바꾸느라 돈을 빌렸거든. 빌린 돈에 이자까지, 점점 줄어드는 수입으로는 갚기가 벅찼어. 할아버지의 얼굴에는 점점 어두운 그림자가 드리워졌어.

피곤한 현수도 잠이 쏟아졌지만 꾹 참았어. 형이 아직 안 들어왔거든. 현수는 졸린 눈을 비비며 집 앞 배추밭에서 형을 기다렸어. 넓은 밭엔 다 자란 배추들이 가득했어. 수확할 때를 넘긴 배춧잎이

누렇게 무르기 시작했어. 떨어진 배춧값 때문에 할아버지도 결국 수확을 포기하기로 했대. 현수는 축 늘어진 배춧잎을 만지작거렸어.

'이걸 다 어떡해. 우리 셋이 진짜 열심히 기른 건데….'

자기도 모르게 현수는 깊은 한숨을 쉬었어.

'아, 근데 형은 왜 안 오는 거야? 벌써 10시가 넘었는데!'

배추밭 앞으로 버스가 몇 차례 오갔지만 형은 내리지 않았어. 현수는 슬슬 걱정이 되기 시작했어. 형이 없는 집은 상상도 하기 싫었으니까. 결국 그날 형은 오지 않았어.

다음 날 새벽, 현수는 시끄러운 소리에 잠이 깼어. 어젯밤 깔아둔 형의 이부자리는 여전히 텅 비어 있었지. 문 밖에선 할아버지와 형이 말다툼을 하고 있었어.

"아랫마을 애들이 너까지 꼬드긴 게냐? 서울서 같이 돈 벌자고?"

마을에는 이미 서울이나 근처 대도시로 떠난 젊은 사람들이 많았어. 형 친구 몇 명도 공장에 다니며 돈을 벌고 있었지.

"서울서 직장 잡으면 꼬박꼬박 월급 받을 수 있어요, 할아버지. 매년 배춧값, 쌀값 떨어질까 밤 졸일 필요 없다고요!"

형은 할아버지를 설득하려고 했어. 매달 쪼들리는 생활비에, 갚아야 할 빚에 할아버지가 고생하는 걸 누구보다 잘 알고 있었으니까.

"이러다 마을이 아예 텅 비어버리겠구나! 대대로 이어온 우리 논밭은 그럼 누가 일구란 말이냐?"

"땀 흘려 키워서 내다 팔아봤자 비료 값에 일꾼들 품삯도 못 건지잖아요? 다 갈아엎어 버릴 배추를 뭐 하러 힘들게 키워요?"

점점 높아지는 목소리에 현수는 양손으로 귀를 틀어막았어.

'그래도 난… 그냥 다 같이 살고 싶은데. 가난해도 형이랑 할아버지랑 같이.'

심하게 다투는 할아버지와 형의 모습에 현수는 속이 상했어. 형편이 넉넉하진 못했지만 어느 집보다 화목했었는데 말이야.

할아버지도 형의 마음을 이해하지 못하는 건 아니었어. 농산물

가격이 떨어지는 건 모든 마을 사람들에게 큰 고민거리였으니까. 작년에도 배춧값이 폭락해서 돈을 제대로 못 버는 바람에 추운 겨울에 보일러도 넉넉히 때지 못했어. 망가진 리어카도 못 바꿔서 형이랑 현수가 무거운 비료 포대를 나르느라 크게 고생하기도 했지. 게다가 오랜 기간 동안 농약을 사용해온 할아버지는 심한 두통에 며칠씩 누워 있는 날도 많았어.

그렇게 한바탕 다툼이 지나가고, 현수는 방문을 살짝 열어 주위를 살폈어. 할아버지는 논에 나갔는지 보이지 않았지. 현수는 뒷마당 텃밭에 있던 형을 찾았어.

"형! 어제 왜 안 들어왔어? 기다렸잖아."

"미안, 성호랑 얘기하다 늦었어."

형은 현수 머리를 쓰다듬었어.

"진짜 서울 갈 거야, 형? 진영이한테 다 들었어."

조심스럽게 묻는 현수의 가슴이 콩닥거렸어. 입을 굳게 다문 형의 표정이 현수의 마음을 불안하게 했어.

앞으로 현수는 정말 형이랑 떨어져 살게 될까? 할아버지 말대로 점점 사람들이 떠나 텅 빈 마을이 되어버리는 걸까? 어떻게 하면 세 식구가 농사를 지으며 행복하게 살 수 있을까?

위기에 빠진 농촌과 흔들리는 우리 밥상

불안정한 수입과 고단한 농촌 생활에 지친 범호는 할아버지와 어린 동생 범희를 두고 도시로 떠나려고 해. 실제로 요즘 농촌에서는 범호와 같은 젊은 사람을 찾아보기가 어려워.

 농부들이 안정적으로 살림을 꾸려나가려면 여러 가지 어려움을 이겨내야 해. 농부들의 수입은 가뭄, 홍수와 같은 자연재해, 농산물 시장의 수요와 공급량, 복잡한 유통 과정 등에 큰 영향을 받기 때문이야.

그런데 1990년대에 우리 농촌은 또 다른 어려움을 마주하게 돼. 1993년에 무역협정인 '우루과이 라운드'가 체결되며 수입산 농산물이 우리나라에 본격적으로 쏟아져 들어왔기 때문이야. 우리 쌀로 지은 밥과 중국산 배추로 담근 김치, 미국산 밀로 만든 부침개가 함께 밥상에 올랐지. 수입 농산물은 국산 농산물보다 저렴한 가격을 앞세웠어. 넓은 농지에서 기계를 이용해 대량생산하기 때문에 국산 농산물보다 생산비가 덜 들거든. 대다수가 소규모로 농사를 짓는 우리 농촌은 가격 경쟁력에서 밀릴 수밖에 없었지. 우리 농부들의 수입은 점점 줄어들었고, 농사를 포기하는 집들도 생겨났어.

물론 소비자들도 피해를 입었어. 값싸다는 이유로 품질 관리가 제대로 되지 않은 저질 수입 농산물이 유통되었거든. 또 긴 수입 과정에서 농산물이 상하지 않도록 살균제나 방부제 등의 농약을 무분별하게 사용해 소비자들의 밥상을 위협했어.

농부와 도시의 소비자를 잇는 다리, 한살림 협동조합

강원도 원주에 살던 박재일은 소득이 줄어 힘들어 하는 농촌 사람들을 보고 고민했어. 농약을 오래 사용한 탓에 두통이나 어지럼증을 호소하는 농부들도 많았지. 범희 할아버지처럼 말이야.

박재일은 농촌을 살리고, 안전을 위협받는 밥상을 어떻게 지킬 수 있을지 고민했어. 그리고 이 문제를 해결하려면 친환경 농산물을 재배해야 한다고 생각했어.

농부들이 농약과 화약 비료를 사용하지 않은 친환경 농산물을 생산하면 경쟁력을 높이는 동시에 농촌의 땅과 자연환경을 보호할 수 있어. 또 소비자들은 안전하고 믿을 수 있는 농산물을 적정한 가격에 구입할 수 있고 말이야.

이런 생각을 실천하고자 박재일은 1986년에 서울로 올라가 '한살림 농산'이라는 가게를 열었어. 그리고 원주에서 기른 무농약 쌀과 유정란, 직접 짠 참기름을 팔았지. 친환경 먹거리를 도시의 소비자들에게 직거래로 판매한 거야.

1988년에는 한살림공동체소비자협동조합이 만들어졌어. 협동

조합을 통해 친환경 농산물을 구입하려는 조합원들을 모집했지. 친환경 농법으로 재배한 농산물을 조합원들에게 공급할 생산자협의회도 결성했어. 농부들이 길러낸 친환경 농산물과 가공식품을 전국 곳곳의 조합원들에게 본격적으로 공급하게 된 거야.

조합원들은 협동조합의 모든 제품을 스스로 정한 세 가지 원칙에 따라 생산하고 판매하기로 결정했어.

첫째, 생산자들은 친환경적인 방법으로 농산물을 재배해. 병충해와 잡초를 제거하려고 독성이 강한 농약과 제초제를 사용하면 자연환경에도 큰 위협이 돼. 새들과 곤충들도 우리가 기른 농산물이나 과일을 먹기 때문이야. 동물과 곤충 그리고 사람 모두 독성 물질이 몸속에 오래 쌓이면 건강에 해로워.

둘째, 생산자들은 우리 먹거리에 인공적인 것을 첨가하지 않아. 조합에서는 된장, 고추장, 어묵, 빵 등 다양한 가공식품을 팔지만 인공 첨가물을 최대한 넣지 않아. 보존 기간을 늘리거나 맛을 더 강하게 내기 위한 첨가물은 그 종류가 매우 다양해. 궁금하면 집에 있는 냉장고를 한번 열어서 두부 포장지를 읽어봐. 깨알 같은 글씨로 발음하기도 어려운 다양한 첨가물의 이름이 적혀 있을 거야.

셋째, 직거래의 원칙을 반드시 지켜. 생산자들은 조합의 물류센터를 통해 조합원들에게 각종 먹거리와 물품을 제공하고 있어.

생산자와 소비자, 우리는 한 식구!

조합원들은 생산자와 신뢰를 쌓으며 함께 조합을 발전시켜야 한다고 생각해. 그래서 조합원들이 생산자를 직접 만나볼 수 있는 기회를 제공하고 있어. 조합원들은 생산자의 농장을 직접 방문해. 농부가 열심히 가꾼 친환경 농산물을 직접 보고, 어떻게 재배되는지 설명도 듣지. 조합원들은 농장의 일손을 돕기도 하며 농촌의 자연을 체험해. 친환경 농법의 중요성과 환경의 소중함을 생생하게 느낄 수 있도록 말이야. 이렇게 조합원들은 생산자에 대한 믿음을 쌓아가며 장을 보러 매장을 찾고 있어.

조합은 생산자의 안정적인 수입도 중요하게 생각해. 그래서 직거래를 통해 생산품 가격의 75퍼센트를 생산자의 몫으로 돌려주고 있지. 조합이 물품을 조합원들에게 공급할 때 유통 마진을 많이 남기는 것이 목표가 아니기 때문이야. 우수한 품질의 물품을 적정한 가격에 조합원에게 공급하는 것이 제일 중요하거든. 생산자들은 안정적으로 수입을 올리며 계속해서 농사를 짓고 생활을 꾸려 나갈 수 있게 됐어.

생산자와 조합원들이 단순히 먹을거리와 물품을 사고파는 사이가 아닌, 서로를 이해하며 함께 도와나가는 한 식구가 된 거야.

사람과 자연, '우리'를 살리는 노력

안전한 밥상, 우리 농촌과 자연환경을 지키는 소비를 하기 위해 조합원들은 다양한 활동을 해. 조합원들끼리 소모임을 만들어 친환경 농산물을 이용한 요리법을 같이 연구하고, 또 방사능 오염에 노출된 먹을거리에 대해 공부하고 토론하기도 하지.

자연환경을 지키려는 노력도 하고 있어. 조합 매장에서는 비닐봉지를 사용하지 않기 때문에 조합원들은 장바구니를 들고 가서 장을 봐. 잼이나 과일차 등이 담긴 유리병도 재활용하고 있어. 조합원들이 빈 병을 씻어서 매장에 갖다 주면 개당 50원 정도를 출자금으로 적립해 줘. 출자금으로 빈 병을 세척해서 재활용하는 공장도 운영하고 있지.

오늘도 전국 각지의 생산지에서는 농부들이 땀 흘려 쌀, 양파, 상추, 오미자 등 다양한 농산물을 길러내고 있어. 친환경 농법으로 천연 퇴비를 만들고 잡초를 뽑느라 힘이 들 때도 있어. 하지만 이 길이 생산자와 소비자 그리고 자연 모두를 위한 것이란 걸 늘 잊지 않고 있어. 조합원들도 장바구니를 챙겨 정성껏 장을 보며, 안전하고 맛있는 밥상을 차리고 있지.

 한눈에 보는 '한살림 협동조합'

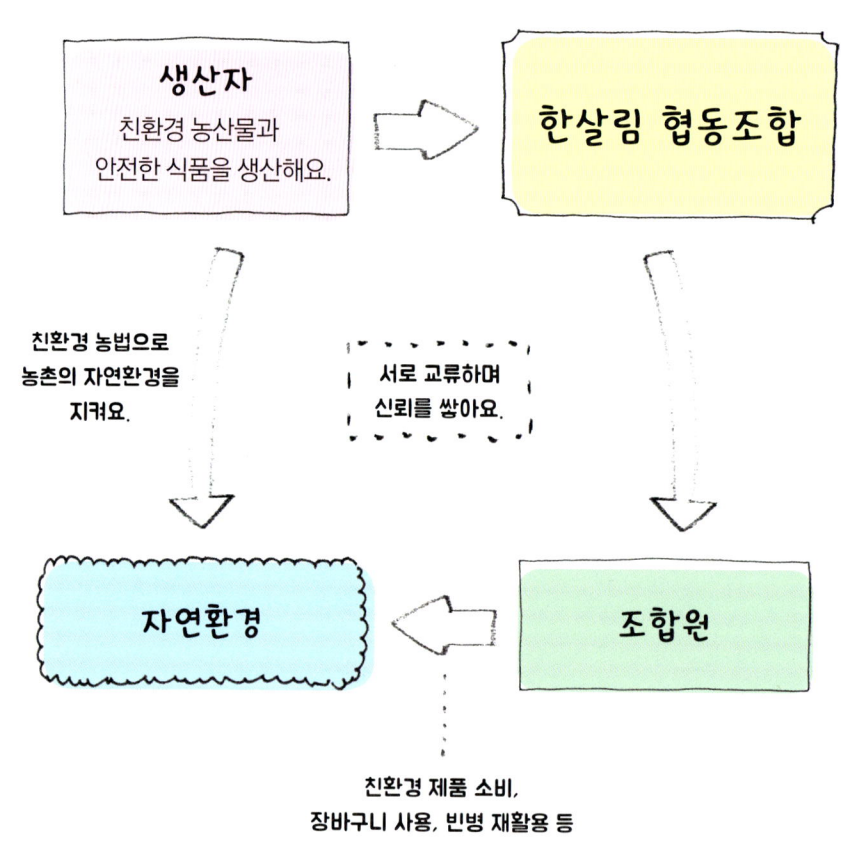

한걸음 더, 숨은 경제 이야기

로컬 푸드 운동

'로컬 푸드'란 자신이 살고 있는 지역 내에서 재배한 농산물을 말해요. 보통 자신이 살고 있는 곳에서 반경 50킬로미터 이내 지역이 해당돼요. 전 세계적으로 로컬 푸드를 먹자는 운동이 활발하게 일어나고 있어요. 지역 생산물인 로컬 푸드는 긴 운송 시간이 필요하지 않아요. 그래서 소비자들은 신선한 농산물을 바로 맛볼 수 있어요. 자동차, 비행기, 기차 등의 운송 수단도 적게 사용하기 때문에 환경오염을 일으키는 화석연료 사용도 줄일 수 있답니다. 또한 지역 내 농부들이 수입을 올릴 수 있게 되어 지역 경제가 활성화되는 효과도 있어요.

'탄소 발자국'이란 말을 들어본 적 있나요? 농산물이나 우리가 사용하는 여러 물품들이 생산되어 판매되기까지 각각 다른 양의 이산화탄소가 발생해요. 예를 들어, 내가 살고 있는 지역에서 생산된 농산물은 비행기를 이용해 바다 건너 먼 나라에서 수입해 온 농산물보다 적은 이산화탄소를 발생시켜요. 탄소 발자국은 이렇게 발생하는 이산화탄소 양을 소비자들에게 알려주는 표시에요. 탄소 발자국 수가 적을수록 자연환경을 보호하는 데 도움이 되지요. 소비자들은 탄소 발자국 표시를 비교해보고, 환경에 도움이 되는 소비를 스스로 선택할 수 있어요. 한살림 협동조합도 탄소 발자국이 표시된 먹을거리를 조합원들에게 판매하고 있답니다.

윤데 마을 협동조합

미래를 준비하는 사람들

레오니는 엄마의 잔소리에 귀가 따가웠어.
스위치만 켜면 언제든 전기가 들어오는데
어째서 아껴야 하는지 잘 모르겠거든.
전기세도 그렇게 비싼 것 같지도 않은데 말이야.
'그냥 내가 컴퓨터 게임을 실컷 하지 못하게 겁주시는 거 아냐?'

　레오니는 엄마, 반려견 보보와 함께 윤데 마을에 살고 있어. 윤데 마을은 독일의 남쪽, 괴팅겐 시 근처에 있는 작은 농촌이야. 엄마는 외삼촌과 함께 농장에서 소를 키워. 이웃집 루카네는 옥수수 농사를 짓지.

　레오니네 집은 빨간 지붕의 이층집이야. 마당에는 상추와 토마토를 기르는 작은 텃밭도 있어. 집 안을 들여다보면 곳곳에 붙은 메모를 볼 수 있어. 엄마가 직접 적어서 스위치와 전자제품들에 꼼꼼하게 붙여 놓았지.

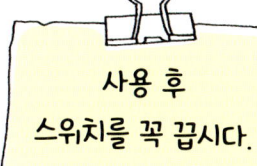
사용 후 스위치를 꼭 끕시다.

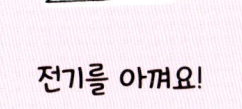
전기를 아껴요!

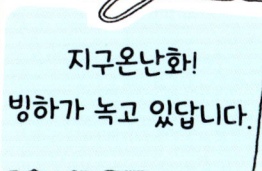
지구온난화! 빙하가 녹고 있답니다.

7장 윤데 마을 협동조합 | 131

레오니의 엄마는 에너지 절약에 관심이 아주 많거든. 세탁기 돌리는 횟수를 줄이려고 빨래는 되도록 한 번에 모아서 해. 겨울에는 실내에서도 따뜻한 스웨터를 챙겨 입어. 난방 온도를 너무 높지 않게 하려고 말이야. 강아지 보보도 따뜻한 털옷을 입는대!

엄마는 요즘 마을의 에너지 문제에 대해 의논하는 모임에도 참석하고 있어.

"레오니, 에너지는 우리가 마구 쓸 수 있는 게 아니란다. 건강한 지구에서 다 함께 오래 살려면 에너지를 절약해야 해. 스위치만 제대로 꺼도 전기를 절약할 수 있고말고."

레오니는 엄마의 잔소리에 귀가 따가웠어. 스위치만 켜면 언제든 전기가 들어오는데 어째서 아껴야 하는지 잘 모르겠거든. 전기세도 그렇게 비싼 것 같지도 않은데 말이야.

'그냥 내가 컴퓨터 게임을 실컷 하지 못하게 겁주시는 거 아냐?'

엄마가 레오니가 가장 아끼는 컴퓨터에도 큼지막한 메모와 함께 빙하 조각 위에 위태롭게 앉아 있는 북극곰 사진을 딱 붙여놓았거든.

오늘도 레오니는 학교에서 돌아오자마자 컴퓨터 게임을 했어. 신나는 음악도 크게 틀어 놓았지.

"따릉- 따릉-"

요란하게 음악이 울리는 방 안으로 자전거 벨소리가 들려왔어. 레오니는 얼른 창가로 달려갔어. 울타리 앞에서 루카가 손을 흔들고 있었지. 오늘 새로 산 자전거를 타고 둘이 같이 마을 한 바퀴를 돌기로 했거든. 아이스크림 가게에도 가고 말이야.

"금방 내려갈게!"

레오니는 재킷을 집어 들고는 쏜살같이 1층으로 내려갔어. 반쯤 닫힌 방문 사이로 레오니가 켜둔 환한 불빛과 음악 소리가 새어나왔어. 컴퓨터 화면도 그대로 번쩍이고 있었지.

"우와! 자전거 멋있는데? 빨리 타보자."

루카와 레오니는 옥수수와 밀밭을 지나 마을 끝에 있는 소 농장까지 가기로 했어. 두 대의 자전거는 윤데 마을을 빙 돌며 달렸어. 밭에는 수확을 끝내고 남은 옥수수와 밀의 건초가 수북히 쌓여 있었어. 소 농장이 가까워지지 소똥 냄새가 풍겨왔어.

"아휴, 냄새나기 시작한다. 이제 다 왔어."

레오니는 농장에서 풍겨오는 소똥 냄새에 코를 찡긋거렸어. 일을 마치고 온 엄마의 고무장화에서 늘 나는 냄새였지. 신나게 달리던 레오니는 엄마를 떠올리자 정신이 번쩍 들었어.

"아차. 또 다 켜두고 왔네! 루카, 나 집에 가야 돼."

"지금 당장? 야, 우리 아이스크림 먹으러 가기로 했잖아."

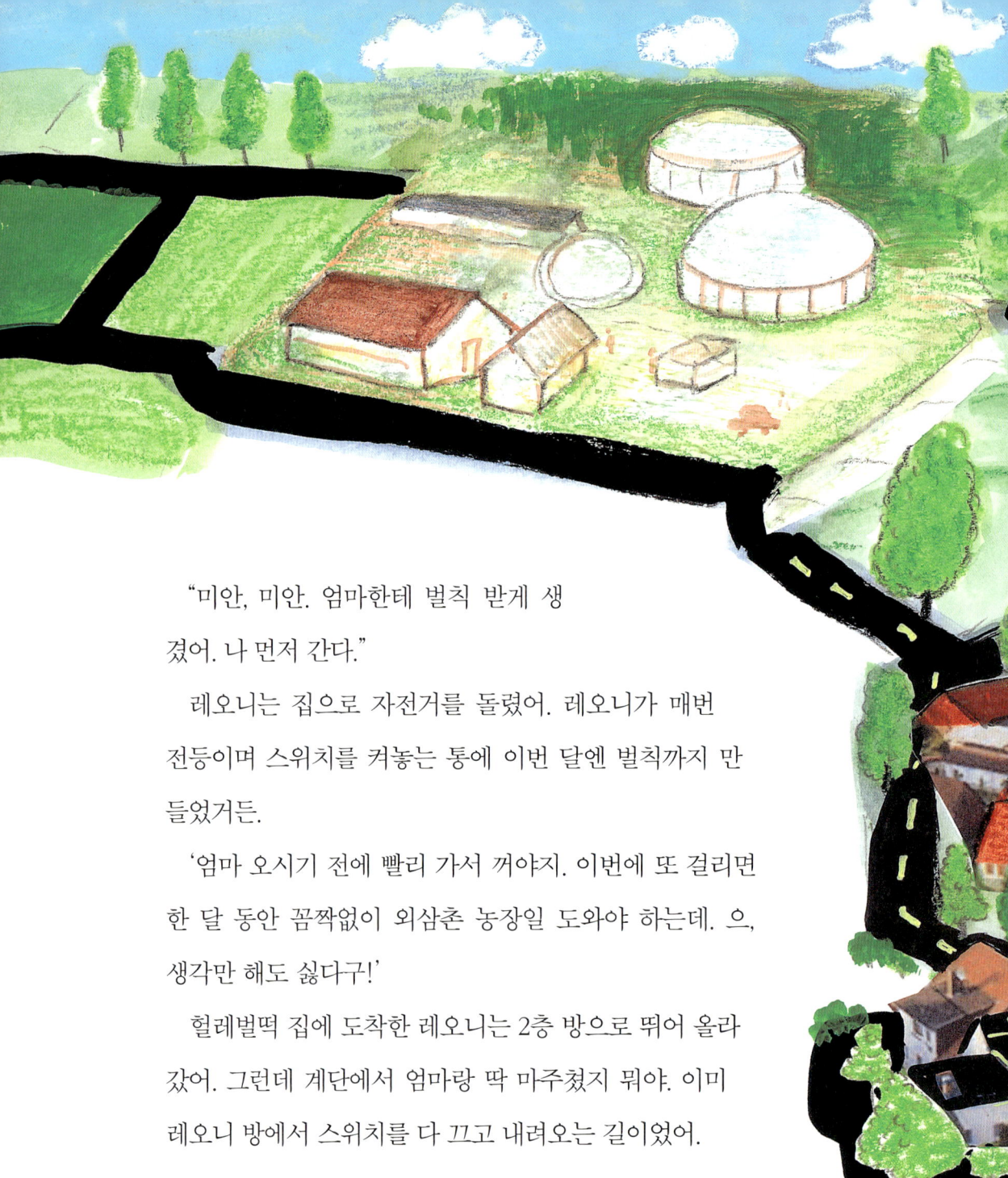

"미안, 미안. 엄마한테 벌칙 받게 생겼어. 나 먼저 간다."

레오니는 집으로 자전거를 돌렸어. 레오니가 매번 전등이며 스위치를 켜놓는 통에 이번 달엔 벌칙까지 만들었거든.

'엄마 오시기 전에 빨리 가서 꺼야지. 이번에 또 걸리면 한 달 동안 꼼짝없이 외삼촌 농장일 도와야 하는데. 으, 생각만 해도 싫다구!'

헐레벌떡 집에 도착한 레오니는 2층 방으로 뛰어 올라갔어. 그런데 계단에서 엄마랑 딱 마주쳤지 뭐야. 이미 레오니 방에서 스위치를 다 끄고 내려오는 길이었어.

"아, 엄마 제가 진짜 실수로 깜빡했어요. 루카가 급하게 불러가지고…."

"안되겠어, 우리 딸. 벌칙을 바꿔야겠어! 오늘 나랑 같이 마을 에너지 설명회에 가자. 어때? 이게 더 필요한 벌칙인 것 같구나."

"에너지 설명회요? 그럼 농장일은 안 도와도 되는 거예요?"

엄마는 싱긋 웃으며 고개를 끄덕였어.

'휴, 다행이다. 설명회야 뭐, 그냥 딴생각 좀 하고 있다가 오면 되겠지?'

레오니는 엄마의 빨간 트럭을 타고 설명회 장소로 갔어. 괴팅겐 대학에서 윤데 마을의 에너지 자립을 위해 연 행사였어. 마을에서 직접 전기를 만들어서 쓰자고 제안하는 거래.

"엄마, 이미 우리는 전기를 쓰고 있는데 또 무슨 전기를 만들자는 거예요?"

"그냥 전기가 아니란다, 레오니. 바이오 에너지로 만든 전기야. 환경을 해치지 않는 친환경 에너지 말이야."

연구원들은 마을 사람들에게 친환경 에너지에 대해 설명했어. 그리고 화석연료와 원자력 등 지금 우리가 쓰고 있는 에너지의 문제점과 위험성에 대한 이야기도 했어. 지구온난화로 피해를 입은 사진도 보여주었지. 서서히 녹고 있는 빙하 사진도 나왔어. 레오니는 컴퓨터 앞에 붙어 있던 북극곰 사진이 떠올랐어. 작은 빙하 조각 위에 홀로 우두커니 앉아 있는 그 모습이.

연구원들은 윤데 마을에서 충분히 전기를 만들 수 있다고 했어. 친환경 에너지인 '바이오매스'를 이용하면 말이야. 가축의 분뇨와 건초를 발효시켜 메탄가스를 만들어 전기를 만드는 거래.

"그 고약한 소똥으로요?"

"가능한 일인 것 같구나. 엄마는 바이오매스가 우리 마을에 꼭 맞는 방법 같아. 분뇨와 건초는 우리 마을 농장에 얼마든지 있으니 말이야."

바이오매스 에너지를 사용하려면 먼저 발전소를 지어야 했어. 그곳에서 전기도 만들고, 발생한 열로 마을 주민들에게 난방도 공급할 수 있다고 해.

"흠, 아이디어는 매우 좋아요. 하지만 지금 우리 마을에 당장 필요한 일은 아닌 것 같은데…, 비용도 많이 들 거 아니요?"

"맞아요. 그리고 조용한 마을에 발전소가 들어서는 것도 좀 망설여져요."

"하지만 친환경 에너지는 안전하고, 오래도록 사용할 수 있지 않나요?"

"악취 나는 소똥도 처리할 수 있으니 그거 참 좋군요."

7장 윤데 마을 협동조합 | 137

여러 가지 의견이 나왔지만 대다수의 마을 사람들은 크게 관심을 보이지 않았어. 당장 불편하거나 어려움을 느끼는 문제가 아니었으니까. 웅성거리는 어른들 사이에서 레오니의 머릿속엔 온통 소똥 생각만 떠올랐어. 소똥과 건초로 전기를 만든다는 게 신기했거든! 고약한 소똥이 냄새 없는 전기로 변해, 북극곰의 집인 빙하가 녹는 걸 막을 수 있다니. 소똥을 발효시켜 컴퓨터 게임도 하고 말이야!

과연 윤데 마을 사람들은 어떤 결정을 내렸을까? 정말 마을 사람들의 힘으로 친환경 에너지를 이용한 전기를 생산할 수 있는 걸까?

에너지와 미래를 고민하는 사람들

우리는 일상생활에서 많은 양의 전기를 사용해. 매일 쓰는 전기는 다양한 종류의 발전소에서 생산되고 있어. 화력 발전소에서는 석탄, 석유와 같은 화석연료를 이용하고, 원자력 발전소는 원자력 에너지를 이용해 전기를 만들지.

이제 사람들은 우리가 쓰는 여러 에너지들에 대해 고민하기 시작했어. 화석연료는 온실가스를 배출해서 지구온난화를 일으키고, 또 언젠가는 바닥나 더는 사용할 수 없게 될 거야. 동일본 대지진

때 발생한 후쿠시마 원자력 발전소 사고처럼, 원자력 에너지는 사람들을 심각한 위험에 빠뜨리기도 해. 이런 문제들에 대해 우리는 어떤 대비를 하고 있을까? 레오니 엄마처럼 전기를 절약하는 것도 문제를 해결하는 데 도움이 될까?

전기를 절약해서 에너지 소비량을 줄이는 것은 매우 중요해. 더불어 많은 과학자들이 지구와 사람들 모두에게 안전하고 오래 사용할 수 있는 에너지를 개발하고 있어. 태양열 에너지, 풍력 에너지, 바이오매스 등이지. 이러한 에너지들을 '친환경 에너지'라고 불러.

레오니가 살고 있는 윤데 마을에도 바로 이 친환경 에너지를 직접 만들어 쓸 기회가 생기가 된 거야.

마을 사람들의 선택, 윤데 마을 협동조합

1998년 괴팅겐 대학의 '지속 가능한 발전을 위한 학제 간 연구센터(IZNE)'에서 프로젝트를 시작했어. 독일 마을의 에너지 자립을 지원하는 계획이었지. 마을 스스로 친환경 에너지로 전기를 생산해 사용할 수 있도록 말이야. 이렇게 하면 고갈되어가는 에너지 자원에 의존하지 않고 자립할 수 있게 되는 거지.

연구소는 윤데 마을에 친환경 에너지인 '바이오매스'를 추천했어. 윤데 마을에서 나오는 가축의 분뇨와 수확하고 남은 건초는 바이오매스의 좋은 원료가 되거든. 분뇨와 건초를 발효시켜 메탄가스를 만들고, 이를 연료로 발전소를 돌릴 계획이었지.

연구원들은 환경을 해치지 않으면서 지속적으로 에너지를 얻을 수 있다는 점을 주민들에게 설명했어. 레오니 엄마와 외삼촌처럼 소를 기르는 농장에서는 소똥을 얻을 수 있고, 옥수수를 기르는 루카네 농장에서는 알맹이를 수확하고 남은 건초를 얻을 수 있으니까. 하지만 이 계획을 실현시키려면 윤데 마을 사람들의 동의와 참여가 필요했어. 주민들에게 바이오매스의 원료를 구하고, 발전소를 짓고 운영하는 비용도 모아야 했기 때문이지.

윤데 마을 사람들은 고민했어. 마을의 아름다운 자연 환경을 보호하고, 에너지 자립도 할 수 있는 좋은 기회였지만 마을에 발전소가 들어서는 걸 꺼려하는 사람도 있었지. 큰돈이 필요한 일이라 망설이는 사람도 많았어. 당장 생활하는 데 불편을 겪고 있는 일도 아니었으니까. 그래서 처음 이 프로젝트를 제안받았을 때는 마을 사람들 대부분이 크게 관심을 보이지 않았어. 그러나 연구원들과 마을 사람들이 3년에 걸쳐 토론을 하면서 변화가 생겼어. 다가올 마을의 미래를 위해서 필요한 일이라는 공감대가 생기기 시작한 거야.

　오랜 고민 끝에 윤데 마을 사람들은 협동조합을 세워 바이오매스를 활용한 열병합 발전소를 짓기로 결정했어. 마을 주민이 조합원이 되어 출자금을 모았지. 독일 정부도 윤데 마을의 에너지 자립 프로젝트를 지원했어.

소똥과 건초로 전기를 생산하다

윤데 마을 사람들은 협동조합을 통해 발전소를 운영하기로 했어. 우선 바이오매스 에너지의 원료가 되는 가축의 분뇨와 건초를 공급할 주민들을 정해야 했어. 그리고 이 재료들을 이용해 메탄가스를 만들어낼 구조물도 지어야 했지.

　지정된 주민들은 정기적으로 분뇨와 건초를 발전소에 제공했어. 주민들은 악취 나는 분뇨도 처리하고, 필요 없는 건초도 해결할 수 있게 됐어. 먼저 마을 외곽에 두 개의 돔을 세웠어. 수거한 분뇨와 건초를 발효시켜서 메탄가스를 얻기 위한 장치였지. 이렇게 협동조합과 주민들의 손을 거쳐 만들어진 바이오매스 에너지는 열병합 발전소에서 연료로 쓰였어.

　드디어 윤데 마을 발전소에서 첫 전기를 생산했어. 오랜 노력 끝에 윤데에서 만들고 윤데에서 사용할 전기가 만들어진 거야! 하지만 처음부터 완벽했던 건 아니었어. 발전소를 100퍼센트 가동시킬 수 없었거든. 그래서 적은 양의 전기만 생산할 수 있었고, 조합은 손해를 봐야 했어. 그러나 곧 발전소를 완전히 가동시키게 되면서 전기 생산량이 늘어났고 조합도 이익을 내기 시작했어.

발전소는 많은 전기를 생산했어. 윤데 마을 주민들이 다 쓰고도 남을 정도였지. 조합은 생산한 전기를 모두 전기회사에 판매했어. 친환경 에너지로 만든 전기라 높은 가격을 받을 수 있었거든. 그리고 발전소에서 얻은 열은 마을 주민들이 난방을 할 수 있도록 공급했어. 오랜 토론과 고민 끝에 결정한 주민들의 선택이 값진 결과를 만들어낸 거야.

친환경 에너지 마을, 윤데

에너지 자립에 성공하면서 독일의 작은 농촌 윤데 마을은 유명해지기 시작했어. 여러 지역에서 윤데 마을의 에너지 사업을 배우려고 찾아왔어. 먼 외국에서 오는 사람들도 많았지. 사람들은 조합이 운영하는 발전소를 견학하고, 주민들과 이야기를 나누며 에너지 자립에 대해 공부했어. 이렇게 마을을 찾는 사람들이 많아지면서 마을의 관광 사업도 활성화됐어. 주민들은 관광객들을 안내하고, 가게에서 차나 음식을 팔아 소득을 올릴 수 있었지.

친환경 에너지를 이용한 발전은 윤데 마을의 농업에도 도움을 주었어. 분뇨와 건초를 발효시켜 메탄가스를 만들고 남은 부산물은 아주 좋은 퇴비거든. 마을 농부들은 돈을 내고 화학 비료를 살 필요가 없었지. 비료를 무료로 받아 유기농 밀과 옥수수 등을 재배했어. 농부들이 건강하게 기른 유기농 작물은 시장에서 좋은 가격에 팔렸어.

윤데 마을은 에너지 자립 마을로 성공하기에 좋은 조건을 갖추고 있었어. 그러나 무엇보다 중요한 것은 마을 사람들의 적극적인 참여였어. 아무리 좋은 아이디어도 행동하지 않으면 결실을 만들어 낼 수 없잖아. 마을 사람들은 열심히 토론하고, 협동조합을 결성해 적극적으로 프로젝트에 참여했어. 그리고 미래의 아이들이 안전하고, 건강하게 자랄 수 있는 아름다운 윤데 마을을 만들었어.

 한눈에 보는 '윤데 마을 협동조합'

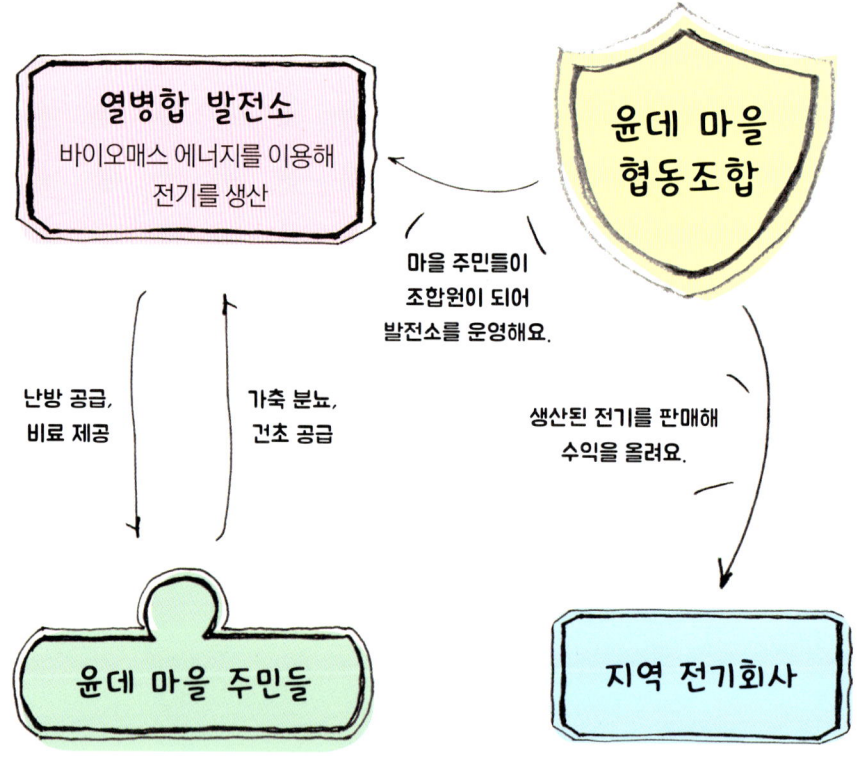

한걸음 더, 숨은 경제 이야기

지속 가능한 발전

'발전'이란 더 좋고, 나아진 상태로 나아간다는 뜻이에요. 그렇다면 '지속 가능한 발전'이란 무슨 뜻일까요?

'지속 가능한 발전'은 환경을 보호하면서 우리의 현재 상황을 발전시키는 거예요. 윤데 마을이 친환경 에너지인 바이오매스로 전기를 생산하는 것처럼요. 인류의 보금자리인 지구는 현재 살고 있는 우리들만의 것이 아니에요. 미래에 살아갈 사람들을 위한 것이기도 하죠. 또, 지구의 자원은 양이 정해져 있기 때문에 언젠가는 고갈되고 말아요. 땅과 바다에 매장된 석탄과 석유 같은 화석연료들은 약 백 년 안에 모두 사라지게 된답니다. 그러므로 우리는 다가올 미래를 위해 지구 환경을 보호하고, 자원을 적정하게 사용해야 해요. 우리 다음에 살아갈 미래의 인류들도 지속적으로 발전할 수 있도록 말이에요.

친환경 에너지 개발은 대표적인 '지속 가능한 발전'의 하나예요. 화석연료의 사용을 줄임으로써 자원의 고갈을 막고, 지구온난화를 일으켜 환경을 파괴하는 온실가스의 발생도 줄일 수 있답니다.

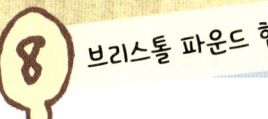

8 꼬마 로빈의 거리

브리스톨 파운드 협동조합

서점 한가운데 제일 잘 보이는 곳에 서 있는 책장이 이상했어.
항상 새로 나온 책을 빽빽하게 꽂아 놓는 곳인데, 군데군데 비어 있지 뭐야.
마치 여기저기 이가 빠진 것처럼 말이야.
"아빠, 새 책이 왜 이렇게 적어요? 아직 안 꽂으신 거예요?"
"그게… 아직 고민 중이란다. 음…, 어떤 책을 꽂을지 말이야."

　영국의 수도 런던에서 기차로 두 시간을 달리면 브리스톨에 도착해. 이곳은 에이번 강 하구에 자리 잡은 작은 항구 도시야. 유명한 클리프턴 현수교에서 내려다보면 잔잔하게 흐르는 에이번 강이 한눈에 들어와. 다리 옆 넓은 잔디밭에는 누워서 햇볕을 쬐거나 산책을 하는 사람들이 많아. 주말이면 로빈도 누나랑 같이 자전거를 타러 나오곤 해.

　로빈은 브리스톨 중심가에서 멀지 않은 곳에 살고 있어. 부모님은 성 니콜라스 시장에서 작은 서점을 운영해.

성 니콜라스 시장은 브리스톨에서 가장 오랜 전통이 있는 시장이야. 거리를 따라 작은 식당과 카페들이 들어서 있고, 식료품과 공예품을 파는 가게들도 많아. 로빈의 부모님도 누나와 로빈이 태어나기 전부터 이곳에서 서점을 운영해 왔다고 해. 그래서 로빈도 시장에서 만나는 상인 아저씨, 아주머니들과 매우 친숙해. 첫걸음마를 뗀 곳도 바로 성 니콜라스 시장이거든.

"안녕, 로빈. 키가 부쩍 컸구나!"

"로빈! 여기 갓 구운 쿠키 좀 가져가렴."

로빈은 서점 바로 옆에서 쿠키 가게를 하는 버크 아저씨를 제일 좋아해. 딴 데서는 볼 수 없는 온갖 신기한 모양의 쿠키를 만들거든. 게다가 로빈과 누나에게 갓 구운 따끈따끈한 쿠키를 자주 챙겨 줘. 브리스톨에서 제일 맛있는 초콜릿 쿠키를 말이야!

"잘 먹겠습니다, 버크 아저씨!"

오늘따라 버크 아저씨는 평소보다 훨씬 많은 쿠키를 챙겨줬어. 로빈은 쿠키를 한입 가득 오물거리며 서점으로 들어갔어. 크리스마스를 앞두고 손님들이 많을 때인데도 서점 안은 썰렁하기만 했어. 책을 사가는 손님이 점점 줄어들고 있는 걸 어린 로빈도 눈치챌 수 있었지.

"로빈 왔니?"

아빠는 책이 가득 꽂힌 책장에 쌓인 먼지를 털어내고 있었어. 그런데 서점 한가운데 제일 잘 보이는 곳에 서 있는 책장이 이상했어. 항상 새로 나온 책을 빽빽하게 꽂아 놓는 곳인데, 군데군데 비어 있지 뭐야. 마치 여기저기 이가 빠진 것처럼 말이야.

"아빠, 새 책이 왜 이렇게 적어요? 아직 안 꽂으신 거예요?"

"그게… 아직 고민 중이란다. 음…, 어떤 책을 꽂을지 말이야."

아빠는 어깨를 으쓱 해보이고는 서점 뒤편으로 들어갔어. 로빈은 문득 이상한 느낌이 들었어. 여태껏 새 책을 꽂는 책장이 비어 있던 적이 없었거든. 책장에 붙여 놓던 작은 메모들도 보이지 않았지. 새 책이 들어오면 부모님이 항상 예쁜 글씨로 정성껏 소개 글을 적으셨는데 말이야.

며칠 후, 로빈은 누나랑 크리스마스 장식을 한 아름 안고서 서점에 갔어. 올해는 커다란 스노우 볼을 계산대 앞에 놓기로 했어. 루돌프와 산타클로스가 함께 춤추는 모습이 아주 귀엽거든. 지난주에 성 니콜라스 시장 입구에 있는 홀리 아주머니의 가게에서 사둔 거야. 로빈은 버크 아저씨에게 선물할 붉은 리본 장식도 하나 골랐어.

시장으로 가는 길엔 대형 마트에서 틀어 놓은 크리스마스 캐롤이 요란하게 울렸어. 요즘 시장 주변에는 대형 마트들이 점점 더 많이 문을 열고 있어. 로빈과 누나는 오늘도 오픈 기념 세일을 하는 마트를 봤어.

"로빈, 저기 봐. 마트가 또 생겼나보다."

"우와 사람들 많다. 어! 근데 서점도 생긴 거 같은데?"

커다란 광고판을 보니 마트 안에는 꽃집부터 빵집, 그리고 서점까지 생긴 것 같았어.

사람들로 북적이는 거리를 지나 로빈과 누나는 성 니콜라스 시장에 들어섰어. 아까 지나친 마트 앞보다는 확실히 지나다니는 사람들이 적었어.

한산한 거리를 걸어 버크 아저씨네 쿠키 가게를 지나던 로빈은 눈이 휘둥그레졌어. 큰 트럭 한 대가 버크 아저씨네 오븐을 실어 나가고 있었거든.

"아저씨, 무슨 일이에요? 설마…, 이사 가시는 건 아니죠?"

"아무래도 가게 문을 닫게 될 것 같구나. 일단 돈 되는 장비들을 먼저 팔고 있어. 너희들한테도 말해줬어야 했는데, 미안하다. 손님이 줄어서 더는 버티기가 힘들어졌어."

로빈은 그제야 며칠 전 아저씨가 왜 그렇게 쿠키를 많이 안겨줬는지 이해가 됐어. 누나는 아저씨와 헤어진다는 생각에 두 눈 가득 눈물이 글썽글썽했어. 삼촌처럼 따랐던 버크 아저씨였거든. 로빈은 시무룩한 얼굴로 아저씨에게 붉은 리본 장식을 내밀었어. 아저씨는 로빈과 누나를 품에 꼭 안아주었어.

어두운 얼굴로 도착한 서점에는 손님이 몇 명 있었어. 로빈과 누나는 크리스마스 장식을 꺼내 달기 시작했어. 알록달록 예쁜 장식들을 보니 기분이 조금 나아지는 것도 같았지. 아주 조금이지만 말이야. 로빈은 어린이 손님들을 위해 낮게 만들어 놓은 책장을 꾸몄어. 누나는 브리스톨 지역에 관한 책만 모아 놓은 책장을 맡았어. 책장 위에는 유유히 흐르는 에이번 강 포스터가 붙어 있어.

아빠와 엄마는 손님들을 데리고 서점 구석구석을 안내했어. 카메라를 든 손님 한 명은 가게 사진을 찍기도 했어.

"그럼 좀 더 상의해보고 연락주세요."

"네, 그러죠. 날짜도 좀 생각해 봐야 하고요."

가게를 한참 둘러보던 손님들이 우르르 빠져나갔어. 책은 한 권도 사지 않고 말이야.

그제야 로빈은 그 사람들이 책을 사러 온 게 아니라는 걸 알았어. 그들은 가게를 사들이려고 온 사람들이었지.

"얘들아, 너희에게 할 얘기가 있구나. 아무래도 서점 문을 닫아야 할 것 같아. 시장을 찾는 손님들이 점점 줄어 그동안 좀 힘들었단다. 사정이 좋아지면 꼭 다시 돌아오고 싶은데…."

아빠가 말을 잇지 못하자 엄마가 나섰어.

"우리뿐만 아니라 시장 사람들 모두 걱정이 많아. 대형 마트가 들어선 거리가 훨씬 붐비다 보니 말이야. 앞으로 엄마랑 아빠가 계획하고 있는 일도 있으니까, 너희들은 너무 걱정하지 말고."

버크 아저씨에 이어 부모님의 얘기까지 연달아 듣고 나니 로빈은 정신이 멍해지는 것 같았어. 비록 크기는 작지만 서점에는 아빠, 엄마의 손길이 안 닿은 곳이 없었어. 아빠가 손수 만든 나무 벤치에 앉아 책을 읽는 사람들도 많았지. 또 매달 마지막 날이면 꼭 책을 사러 오는 회사원 단골손님도 있었어. 그런데 이제 그런 서점이 없어진다니!

버크 아저씨네 가게에서 풍겨오는 달콤한 쿠키 냄새와 엄마, 아빠의 서점이 없는 시장은 상상이 잘 되지 않았어.

로빈은 매년 기다려왔던 크리스마스가 이번엔 기다려지지 않을 것 같았어. 예전처럼 시장 사람들과 크리스마스 푸딩을 나누어 먹고, 함께 가게를 장식할 수 없을 테니까. 로빈은 책장에 주렁주렁 달린 크리스마스 장식들을 쓸쓸하게 바라봤어.

마트가 들어선 거리처럼 손님들로 북적이는 시장을 만들 수 있는 방법은 없는 걸까? 로빈네 가족은 정말 이대로 서점 문을 닫아야만 할까?

사람들의 발길이 점점 줄어드는 거리

브리스톨 시에 있는 성 니콜라스 시장은 오랜 전통을 가지고 있어. 주민들이 오랜 시간 운영해온 멋진 가게들이 많이 있지. 버크 아저씨의 쿠키 가게와 로빈네 서점처럼 말이야. 따뜻한 홍차를 마시며 이야기를 나눌 수 있는 카페도 있고, 손으로 정성껏 만든 인형, 장식품과 같은 공예품을 파는 곳도 있지. 규모는 크지 않지만, 모두 손님들이 즐거운 시간을 보낼 수 있는 가게들이야.

그런데 이런 작은 가게들을 찾는 손님이 점점 줄어들었어. 성 니콜라스 시장 근처 거리에 대형 마트가 여럿 들어서면서 그 속도가 점점 더 빨라졌지. 손님이 줄어들기 시작하면서 성 니콜라스 시장에는 문을 닫는 가게들이 생겨나기 시작했어. 많은 자본을 가진 대형 가게들에 비해 훨씬 큰 타격을 받았거든.

오랜 시간 동안 브리스톨을 지켜온 가게들이 위축되면서 거리의 분위기도 바뀌기 시작했어. 다양한 색깔을 가진 가게들이 모여 만들어내던 브리스톨만의 분위기가 조금씩 흐릿해졌지. 게다가 거대 기업에서 운영하는 마트나 프렌차이즈 가게들이 손님들로부터 벌어들이는 돈은 대다수가 도시 밖으로 빠져나갔어. 거대 기업의 본사가 있는 대도시나 외국으로 말이야. 브리스톨 주민들이 지불한 돈이 다시 도시의 경제로 돌아오지 못했던 거야.

우리만의 화폐를 만들다, 브리스톨 파운드

브리스톨만의 분위기를 점점 잃어가고, 도시의 돈이 외부로 빠져나가 경제가 흔들리자 몇몇 시민운동가들이 머리를 맞댔어. 그리고 어려운 도전에 나서기로 마음먹었어. 바로 브리스톨 지역에서만 쓸 수 있는 '지역 화폐'를 만들기로 한 거야.

영국에서는 '파운드'라는 화폐를 사용해. 하지만 브리스톨에서는 파운드와 더불어 '브리스톨 파운드'를 사용하도록 하는 거지. 브리스톨 파운드는 브리스톨에서만 쓸 수 있는 돈이야. 그래서 주민들이 브리스톨 파운드를 사용하면, 그 돈이 다시 도시 안에 머무를 수 있게 돼. 대신 브리스톨 파운드는 대형 마트나 프렌차이즈 가게에서는 사용할 수 없도록 했어. 작은 가게들을 보호하고 지역 경제를 살리는 것이 목적이었으니까.

시민운동가들은 공동체 이익 회사(CIC) 브리스톨 파운드를 세우고, 브리스톨 신용협동조합과 힘을 합쳤어. 주민들은 브리스톨 파운드와 신용협동조합을 통해 파운드를 지역 화폐로 바꾸고 은행 계좌도 만들 수 있게 됐어.

주민들이 실제로 지역 화폐를 사용할 수 있는 가게를 확보하는 일도 중요했어. 하지만 생전 처음 보는 지역 화폐를 받기를 꺼려하는 상인들이 많았지. 그래서 브리스톨 파운드는 작은 규모의 카페, 식료품 가게 등을 구석구석 찾아다니며 지역 화폐를 알렸어. 참여하는 가게들엔 브리스톨 파운드의 로고를 붙여주었어. 손님들이 쉽게 구분할 수 있도록 말이야. 또, 브리스톨 파운드를 온라인에서도 손쉽게 사용할 수 있게 했어.

지역 화폐가 성공하려면 많은 사람들이 사용하고, 또 그 돈을 사용할 곳도 많아야 해. 그래서 브리스톨 파운드로 바꾸는 사람들에게 10퍼센트 값을 더 쳐주고 있어. 예를 들어 100 파운드를 바꾸면 10퍼센트를 더 얹어서 110 브리스톨 파운드를 주는 거지.

브리스톨 시에서도 지원을 아끼지 않았어. 세금의 일부를 지역 화폐로 낼 수 있게 하자 가게들의 참여가 늘어났어. 브리스톨 시장은 자신의 월급을 지역 화폐로 받기도 했어. 상인과 손님 그리고 공공기관까지 함께 참여하는 도전이 시작된 거야.

지역 화폐를 쓰는 하루

지역 화폐 브리스톨 파운드를 쓰는 하루를 상상해 볼까?

알록달록하게 디자인 된 브리스톨 파운드를 채운 지갑을 들고 집을 나섰어. 대형 마트가 즐비한 거리를 지나 오래된 지역 상점이 늘어선 성 니콜라스 시장으로 갔어. 시장을 이곳저곳 둘러보면 가

게 입구에 붙은 하늘색 브리스톨 파운드 로고가 보일 거야. 브리스톨 파운드로 계산할 수 있다는 뜻이지. 저기 갓 구운 고소한 빵 냄새가 풍기는 작은 빵집이 보여. 하늘색 브리스톨 파운드 로고도 붙어 있지. 같이 들어가 볼까?

진열대 위의 먹음직스러운 빵 중에서 유기농 당근이 듬뿍 든 달콤한 당근 케이크 한 조각을 골랐어. 그리곤 점원과 인사를 나누며 브리스톨 파운드로 계산을 했지.

이렇게 손님이 지불한 돈으로 빵집은 시에 세금을 내거나, 브리스톨 파운드를 받는 또 다른 지역 상점에서 물건을 구입하겠지? 내가 사용한 돈이 브리스톨 시를 빠져나가지 않고, 지역 안에서 순환하게 되는 거야.

지역을 생각하는 소비

지역 화폐가 사용되면서 성 니콜라스 시장도 점차 활기를 되찾았어. 브리스톨 파운드를 쓰기 위해 시장을 찾는 사람들이 많아졌거든. 주민들은 지금 쓰고 있는 이 돈이 브리스톨 경제를 위해 쓰이고 있다는 것을 알았어. 하늘색 로고가 붙은 가게에서 물건을 사거나 맛있는 식사를 하면서 말이야.

작은 지역 가게들도 힘을 냈어. 손님들을 반갑게 맞으며 멋진 가게를 지켜 나갔지. 지역 화폐로 계산하는 손님을 보면 브리스톨에서 함께 살아가는 이웃이라는 친근한 기분이 들기도 했어. 이처럼 지역 화폐는 상인과 손님들이 같이 성장해가는 한 팀이라는 생각을 할 수 있도록 도와줘. 살기 좋은 브리스톨은 혼자서 만드는 것이 아니니까.

오래된 시장과 골목길에 들어선 작은 가게들이 살아나면서 브리스톨 경제도 탄탄해지고 있어.

브리스톨 파운드가 더 힘을 내려면 좀 더 많은 주민들이 지역화폐를 사용해야 해. 참여하는 가게들도 더 늘어나야 하고. 사용하지 않고, 쓸 곳이 없는 화폐는 곧 사라지고 말테니까. 오늘도 브리스톨 주민들은 사랑하는 자신들의 도시를 생각하며 소비하려고 노력하고 있어. 브리스톨을 브리스톨답게 만들기 위해서!

한눈에 보는 '브리스톨 파운드'

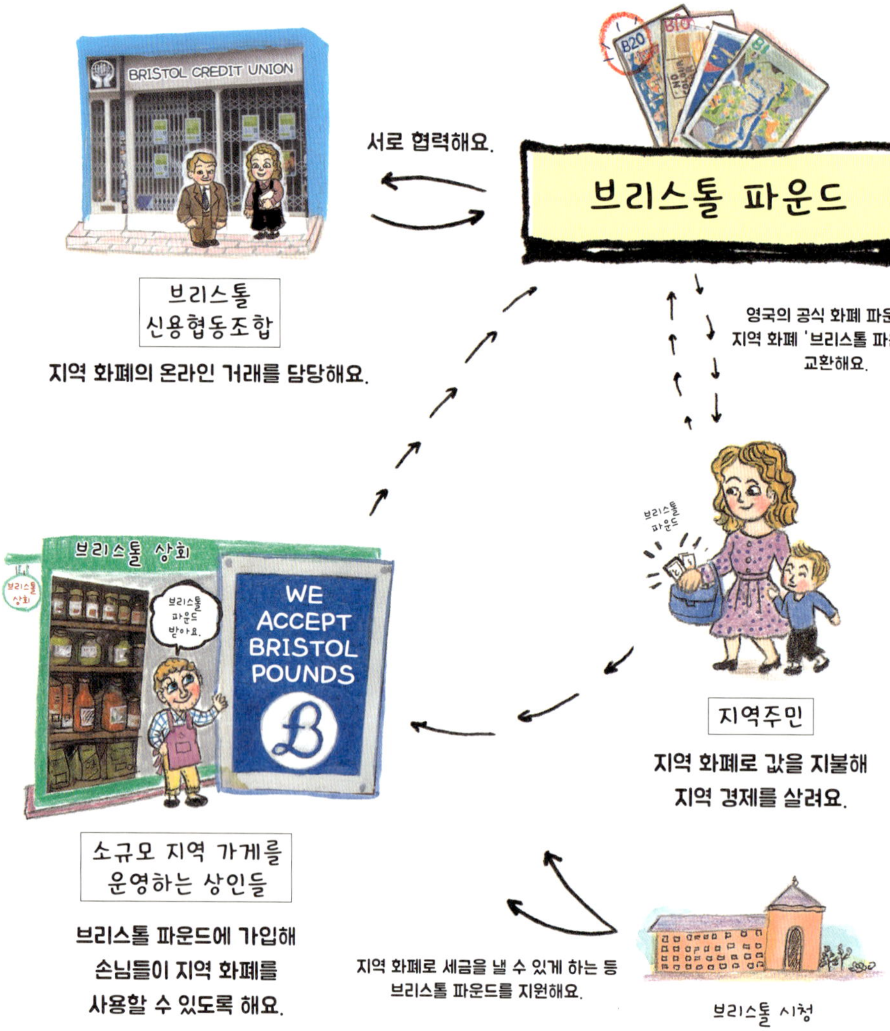

브리스톨 파운드

브리스톨 신용협동조합
지역 화폐의 온라인 거래를 담당해요.

서로 협력해요.

영국의 공식 화폐 파운드를 지역 화폐 '브리스톨 파운드'와 교환해요.

지역주민
지역 화폐로 값을 지불해 지역 경제를 살려요.

소규모 지역 가게를 운영하는 상인들
브리스톨 파운드에 가입해 손님들이 지역 화폐를 사용할 수 있도록 해요.

WE ACCEPT BRISTOL POUNDS

지역 화폐로 세금을 낼 수 있게 하는 등 브리스톨 파운드를 지원해요.

브리스톨 시청

우리나라의 지역 화폐 – '두루'

우리나라에도 브리스톨 파운드와 같이 지역 경제를 살리기 위한 지역 화폐가 있어요. 대전 지역에서 쓰이는 지역 화폐 '두루'가 유명해요. 두루는 지역 화폐 공동체인 '한밭레츠'에서 운영해요. 1원은 1두루로 교환된답니다.

한밭레츠에 가입한 주민들은 한밭레츠 회원 가게에서 두루로 농산물을 구입하기도 하고 병원과 약국, 미용실에서 사용하기도 해요. 이웃 회원끼리 도움을 주고받을 때도 두루를 써요.

급한 일이 생겨 이웃 회원에게 아이를 맡기고 나서 두루를 내지요. 두루를 번 이웃 회원은 그 두루로 다시 농산물을 사거나 병원에 가는 데 쓸 수도 있어요. 이렇게 지역 화폐 두루는 대전 지역 안에서 순환하면서 지역 경제를 돕고 있답니다.

지역 화폐, '두루'

9 쿠아파 코쿠 협동조합

에투의
달콤 쌉싸래한 초콜릿

그때, 토니 아저씨의 인기척이 났어.
아저씨는 항상 목에 농장 창고 열쇠를 주렁주렁 걸고 다녀서
찰랑찰랑하는 소리가 나거든. 에투는 먹다 남은 열매를 얼른 바닥에
버리고 나뭇잎과 흙으로 덮어버렸어.
"에투, 메누! 다 땄으면 어서 이리오지 못해!
너희들이 또 꼴찌다."

1991년, 아프리카 가나의 한 작은 마을에 에투의 가족이 살고 있었어. 짚으로 지붕을 만들어 올린 작은 흙집이 에투 가족의 보금자리야. 부모님과 에투 모두 카카오 농장에서 일해. 농장에서 딴 카카오 열매는 초콜릿의 원료가 돼. 좋은 품질의 가나산 카카오는 세계적으로 인기가 많지. 하지만 카카오 농장에서 일꾼들이 받는 임금은 턱없이 적었어. 그래서 올해부턴 어린 에투까지 일을 하러 나서야 했어. 여동생 이케가 집에 남아 부모님 대신 쌍둥이 형제를 돌봐.

아직 뜨거운 해도 고개를 내밀지 않은 이른 새벽, 에투가 제일 먼저 잠자리에서 일어났어. 부모님과 동생들은 깊은 잠에 빠져 있었지.

"으하함- 졸려. 좀만 더 자고 싶다."

에투는 연신 하품을 하며 졸린 눈을 비볐어. 하지만 더 이상 꾸물거릴 수 없었어. 카카오 농장에 나가기 전에 해둬야 할 일이 있거든. 에투는 어두운 방 안을 손으로 더듬으며 커다란 플라스틱 물통 두 개를 찾았어. 가족들이 마실 물을 길어다 놔야 해.

마을 어귀에선 메누가 양손에 빈 물통을 들고 기다리고 있었어. 카카오 농장에서 함께 일하는 에투의 단짝 친구야.

9장 쿠아파 코쿠 협동조합 | 169

"빨리 갔다 오자, 에투. 오늘도 농장에 지각했다간 토니 아저씨가 가만두지 않을 거야."

에투와 메누는 서둘러 마을에서 멀리 떨어진 우물로 향했어. 흙먼지가 날리는 울퉁불퉁한 흙길을 꼬박 40분이나 걸어야 해. 에투네 마을에는 깨끗한 물을 길을 수 있는 우물이 없어서 에투는 아빠를 대신해 매일 물을 떠 와. 아빠는 농장에서 카카오 열매가 가득 담긴 자루를 나르다 허리를 다치셨거든. 치료비가 없어 병원에도 가지 못하고 몇 주째 집에 누워 있어. 그래서 요즘은 카카오 농장에서 에투와 엄마가 벌어오는 몇 푼 안 되는 일당으로 여섯 식구가 먹고 살아야 해. 두 통 가득 집에 물을 길어다 놓고, 에투는 엄마가 차려주신 아침을 맛있게 먹었어. 한 그릇뿐인 옥수수죽을 동생들과 나눠 먹어야 했지만 말이야. 배가 덜 찬 쌍둥이 동생들이 칭얼거렸다.

"알았어, 알았어. 자 여기 한 입 더 먹어."

에투는 자기 입에 넣으려던 옥수수죽 한 입을 동생들에게 나눠 주었어. 꼬르륵 소리가 나는 배를 부여잡고 에투는 메누와 함께 카카오 농장으로 뛰어갔어. 아침을 배부르게 먹지 못한 건 메누도 마찬가지였지.

"자, 자. 다들 서두르라고. 먼저 오전엔 열매를 따고, 오후엔 카카오 자루를 날라야 해. 오후 늦게 매입 업자가 온다니까! 다들 할당량 300개 따기 전엔 바닥에 엉덩이 붙일 생각은 하지도 말아요!"

토니 아저씨의 엄포에 농장에 모인 일꾼들은 카카오나무 사이로 서둘러 흩어졌어. 대다수가 에투와 메누 또래의 어린아이들이었지. 어른들보다 일당이 적기 때문에 많은 카카오 농장에선 어린아이들을 고용했어. 아이들은 가난한 집안 사정 때문에 학교 대신 농장에서 일을 해야만 했거든.

"300개? 어휴, 왜 점점 늘어나? 내 팔 다 떨어지겠다."

에투는 새벽에 물통을 나르느라 뻐근한 팔뚝을 주물렀어.

"자루 나르는 것도 끔찍해. 다리가 후들거린다니까."

메누가 맞장구를 쳤어.

"근데 우리 삼촌이 그러는데 카카오가 엄청나게 잘 팔린대. 외국 사람들이 엄청 사간다던데? 이렇게 길쭉하고 못생긴 게 맛은 좋나 봐."

에투와 메누는 투덜거리며 카카오 열매를 딸 준비를 했어. 에투는 넓적한 칼인 마체테를, 키가 작은 메누는 끝에 갈고리가 달린 긴 나무 장대를 들었어.

"난 왼쪽부터 딸게. 이따 봐!"

에투는 카카오나무 줄기에 달린 열매를 마체테로 잘라 내기 시작했어. 메누는 장대를 들어 높은 가지에 달린 열매를 갈고리로 잡아챘지. 노랗게 익은 길쭉하고, 둥근 카카오 열매가 바닥으로 떨어졌어. 한참을 손이 얼얼할 정도로 땄는데도 자루는 가득 채워지지 않았어.

'안되겠다. 저 위에 있는 것도 따야겠어.'

에투는 날렵하게 카카오나무를 타고 올라갔어. 그리고 두꺼운 줄기에 걸터앉아 마테체를 휘둘러 열매를 땄어. 칼을 휘두를 때마다 에투의 몸이 위태위태하게 흔들렸어. 전에도 나무에서 떨어져 갈비뼈를 다친 적이 있었지. 땀을 뻘뻘 흘리며 자루를 거의 채워갈

무렵 메누가 에투를 불렀어. 한 손에는 토니 아저씨 몰래 껍질을 깐 카카오 열매를 들고 말이야.

"야, 너 들키면 어쩌려고 해!"

"그러니까 빨리 입에 집어넣어! 우리도 맛 좀 보자."

에투는 주위를 두리번거리며 하얀 과육을 입에 넣고 우물거렸어. 살짝 달콤하면서 시큼한 맛이 났지. 에투는 조금 씹다 퉤 하고 땅에 뱉었어.

"이게 초콜릿이 되고 나면 맛있어지는 건가? 이건 별론데."

"그치? 나도 초콜릿 한 번 먹어 봤으면 좋겠어! 초콜릿 만들려고 카카오를 그렇게들 많이 사가는 거 보면 무지하게 맛있을 거 아냐?"

메누는 오전 내내 딴 카카오 열매가 가득한 자루를 가리켰어. 그때, 토니 아저씨의 인기척이 났어. 아저씨는 항상 목에 농장 창고 열쇠를 주렁주렁 걸고 다녀서 찰랑찰랑하는 소리가 나거든. 에투는 먹다 남은 열매를 얼른 바닥에 버리고 나뭇잎과 흙으로 덮어버렸어.

"에투, 메누! 다 땄으면 어서 이리오지 못해! 너희들이 또 꼴찌다."

에투와 메누는 낑낑대며 무거운 자루를 농장 가운데로 날랐어. 농장 마당에는 아이들이 땀 흘려 딴 카카오 열매를 담은 자루가 늘어서 있었어.

오후에는 무거운 자루 수십 개를 날라야 했어. 자루에는 카카오 가루가 가득 들어 있어. 열매에 든 콩을 발효시킨 후, 잘 말린 다음 갈아서 가루로 만들거든. 에투와 메누는 자루를 큰 저울 위로 날랐어. 허리가 끊어질 듯 아팠지.

매매회사 사람이 자루의 무게를 쟀어. 농장에서 카카오를 사서 외국에 내다파는 사람이야. 메누가 먼저 저울에 무거운 자루를 올려놓았어. 저울의 바늘이 빙그르 움직였지. 그런데 자루의 무게가 생각보다 적게 나가지 뭐야.

'어, 이상하다. 저것밖에 안 된다고? 내가 들고 있는 거랑 비슷해 보이는데?'

에투는 고개를 갸우뚱거리며 이번엔 자기 자루를 저울 위에 올려놨어. 하지만 역시 생각보다 가벼운 무게가 나왔지. 에투는 눈이 똥그래져서 토니 아저씨를 쳐다봤어. 아저씨는 매매회사 사람과 무게당 카카오를 얼마씩 쳐줄지 이야기하고 있었어. 토니 아저씨의 표정이 심상치 않았지. 매매회사 사람이 토니 아저씨 기대보다 훨씬 적은 가격을 제시했거든.

"토니 아저씨! 저기요, 이거… 저울이 좀 이상한 것 같은데요. 제가 나른 자루는 이것보다 더 무겁다고요."

에투는 용기를 내서 말했어. 그러나 토니 아저씨는 매매회사 사람과 카카오 가격을 흥정하느라 에투의 말

9장 쿠아파 코쿠 협동조합 | 175

은 들은 척도 하지 않았지.

 어째서 에투가 힘들게 나른 카카오 자루의 무게가 적게 나가는 것일까? 학교도 못 가고 열심히 딴 카카오가 제값을 받고는 있는 걸까? 앞으로도 이렇게 매일매일 고단한 하루를 보내야만 하는 걸까?

학교 대신 카카오 농장에 가야 하는 아이들

부드럽고 달콤한 맛을 가진 초콜릿! 어린아이부터 어른까지 많은 사람들이 초콜릿을 좋아해. 너도 초콜릿을 좋아하니?

초콜릿의 주재료인 카카오의 대부분은 서아프리카에서 생산돼. 에투가 살고 있는 가나도 대표적인 카카오 생산국이야. 가나의 품질 좋은 카카오는 인기가 아주 좋아. 하지만 카카오의 인기와는 반대로 가나의 농부들은 경제적으로 어려움을 겪고 있었어. 힘들게 수확한 카카오를 제값에 팔 수가 없었거든. 정부에서 운영하는 카카오 수매 회사는 시장가격보다 훨씬 낮은 돈에 카카오를 사들이거나, 저울을 조작해서 카카오 무게를 속이는 경우도 있었어.

카카오 생산량이 너무 많거나, 카카오나무가 가뭄과 병충해로 피해를 입을 때면 가격이 곤두박질 쳐 농부들은 큰 손해를 입었어. 결국 초콜릿 가격의 5퍼센트에도 못 미치는 돈만이 농부들에게 돌아가곤 했어. 2,000원짜리 초콜릿 가격에서 100원도 안 되는 돈만 농부들의 수익이 되는 거야. 나머지는 몽땅 초콜릿 회사와 유통 업체의 몫이 되었지.

수입이 줄어드는 농장들은 생산비를 줄이려고 어린이들에게 일을 시켰어. 턱없이 낮은 임금을 주면서 말이야. 가난한 어린이들은 생계를 위해 학교 대신 카카오 농장에서 일했어. 제 키보다 더 큰 막대로 열매를 따고, 무거운 자루를 날랐지. 열매를 자를 때 쓰는 날카로운 칼과 낫에 다치는 일도 많았어. 심지어 이웃 나라에서 카카오 농장 일꾼으로 팔려온 아이들도 있었어.

공정하게, 달콤하게! 쿠아파 코쿠 협동조합

정신없이 가격이 떨어졌다 오르기를 반복하는 카카오 시장 때문에 농부들은 살림을 꾸리기가 어려웠어. 게다가 턱없이 낮은 가격으로 카카오를 사들이려는 수매 업체들 때문에 가난을 벗어날 수 없었지. 결국 1993년 농부들은 열심히 키운 카카오를 제값에 팔고,

안정된 생활을 하기 위해 협동조합 '쿠아파 코쿠'를 설립했어.

'쿠아파 코쿠'는 가나의 방언으로 '좋은 카카오 농부'라는 뜻이야. 이름에 걸맞게 조합은 조합원인 농부들로부터 정정당당하게 카카오를 사들였어. 카카오 무게는 조합의 마을 대표들이 쟀어. 조합원들이 투표를 통해 민주적으로 뽑은 사람들이 말이야. 그들은 카카오 무게를 재는 저울 바늘을 조작해 농부들을 속이지 않았어. 또 조합원들에게 카카오를 사들이면서 현금으로 값을 치렀어. 그래서 조합원들은 식료품과 생활에 필요한 물품들을 구입하며 안정적으로 살림을 꾸릴 수 있었어.

조합은 영국의 공정무역 단체인 '트윈 트레이딩'의 도움을 받아 공정무역을 시작했어. 조합에서 생산하는 카카오 일부를 공정무역으로 판매하는 거야. 공정무역은 생산자들에게 정당한 대가를 치르는 거래야. 공정무역을 하려면 파는 사람과 사는 사람 모두 몇 가지 약속을 지켜야 해.

먼저 쿠아파 코쿠의 농부들은 낮은 임금을 주며 어린이를 착취하는 아동 노동을 금지했어. 에투와 메누 같은 어린이들은 더 이상 위험한 마체테를 들고 일하지 않게 한 거지. 또 여성 조합원과 남성 조합원을 차별하지 않았어. 그래서 조합의 일을 결정하는 기구를 만들 때도 여성 조합원을 꼭 포함하도록 하는 규칙도 만들었지.

조합의 공정무역 파트너는 시장가격보다 높은 가격으로 카카오를 사들였어. 그리고 농부들이 생계를 유지할 수 있도록 카카오의 최저 가격을 보장했어. 자연재해 등으로 인해 카카오 농사가 잘 되지 않은 해에도 최소한의 생활을 할 수 있도록 했지. 그리고 카카오 직거래를 통해 유통업체들의 주머니로 들어가던 수입을 농부들에게 돌려주었어. 공정무역을 통해 농부들은 점점 안정적인 수입을 올릴 수 있게 되었고, 조합에 참여하는 농부들의 수가 점점 늘어났어.

지역사회를 살찌우는 카카오

공정무역으로 카카오를 판매하게 되면 일반 시장가격보다 높은 가격을 받아. 이를 '공정무역 프리미엄'이라고 해. 공정무역 프리미엄은 생산자가 속한 공동체, 즉 지역사회를 위해 쓰이는 돈이야.

쿠아파 코쿠도 공정무역 프리미엄을 농부들을 위해 쓰고 있어. 조합원들은 이 돈을 어디에 쓸지 함께 의논하고 결정하지. 아이들이 다시 학교에 가서 공부할 수 있도록 학교를 짓거나. 마을을 옮겨 다니며 진료하는 이동식 진료소를 만들어 아픈 사람들을 돌봤어. 마을마다 치료를 받을 수 있는 병원이 많지 않거든.

마을 중심엔 우물을 설치해서 깨끗한 물을 손쉽게 쓸 수 있게

했어. 이제 에투와 메누가 매일 먼 길을 걸어 물을 뜨러 갈 필요가 없겠지?

또 마을에 비누를 만드는 작업장도 만들었어. 마을의 여성들이 이곳에서 비누를 만들어. 팜 열매의 기름을 짜서 만든 비누를 팔아 돈을 벌었지. 카카오 농사 말고도 수입을 올릴 수 있는 일거리가 더 생긴 거야.

조합원들의 마을은 점차 활기를 띠게 됐어. 농부들은 좋은 품질의 카카오를 계속 생산하기 위해 노력하고 있어. 마을의 여성들도 비누를 만들며 경제 활동에 적극적으로 참여하지. 아이들은 학교에 다니며 공부도 하고 친구들과 축구도 해. 위험한 칼과 낫 대신 연필을 쥐고, 공을 차게 된 거야.

초콜릿 회사의 주인이 된 농부들

1998년 조합의 농부들은 더 큰 도전에 나섰어. 초콜릿의 주 원료인 카카오만 생산하는 것이 아니라, 초콜릿 회사에 직접 투자를 하기로 한 거야. 조합은 공정무역 단체인 트윈 트레이딩과 함께 초콜릿 회사 '디바인'을 만들었어. 디바인은 쿠아파 코쿠 농부들이 생산한 최고급 카카오로 공정무역 초콜릿을 만들었어. 포장지엔 아름다운 서아프리카의 전통 문양을 넣었지.

회사의 주주인 조합원들은 어떻게 초콜릿을 생산하고 판매할지를 함께 결정했어. 생산자인 농부들의 의견이 적극 반영되는 회사인 거지.

디바인 초콜릿 회사는 다국적 초콜릿 회사들과 함께 시장에서 경쟁하고 있어. 작은 규모의 농장들이 만들어낸 초콜릿이 세계 곳곳의 마트에 유명한 브랜드의 초콜릿과 나란히 진열되고 있지. 초콜릿을 판매한 수입은 주주인 카카오 농부들에게도 돌아가고 있어. 헐값에 카카오를 팔아야 했던 가난한 농부들이 이제는 당당히 회사의 주인이 된 거야.

한눈에 보는 '쿠아파 코쿠 협동조합'

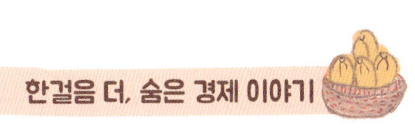
한걸음 더, 숨은 경제 이야기

착한 소비

착한 소비란 생산자의 삶과 지구 환경을 고려하며 상품을 구매하는 것을 말해요. 윤리적 소비라고도 불려요. 공정무역 상품을 구입하는 것도 착한 소비에 해당돼요. 예를 들어 공정무역 초콜릿을 사면 일반 초콜릿에 비해 더 많은 수익이 카카오 농부들에게 돌아가요. 공정무역을 통해 농부들에게 높은 가격을 지불하고, 농부들은 기금을 모아 의료 시설이나 학교를 지어 지역사회를 돌봐요. 농장에서 낮은 임금을 받고 오랜 시간 일해야 했던 아이들도 학교로 돌아갈 수 있게 된답니다.

친환경 제품을 구입하는 것도 착한 소비예요. 현수막을 재활용해서 만든 가방이나, 재생 용지로 만든 공책이나 연필을 구입하면 지구 환경을 보호할 수 있으니까요.

여러분도 소비를 하기 전에 이 상품을 누가 어떻게 생산했는지, 또 내가 이 상품을 사면 지구 환경에는 어떤 영향을 미치는지 한번 생각해 보세요. 누구라도 착한 소비자가 될 수 있답니다.

10 말레이시아 학교 협동조합

나도 할 수 있을까?

와니를 위해 부모님은 생일 파티를 크게 열어주기로 했어.
와니는 친구들과 옆집에 사는 엘라 언니도 초대했어.
엘라 언니는 와니가 입학을 앞두고 있는 학교에 다니고 있어.
'드디어 내일이다! 다들 와주겠지?'

유난히 후덥지근한 날씨에 와니는 잠이 오지 않았어. 스쿠터를 타고 시내에 가자고 부모님을 졸랐지.

"엄마, 아빠! 스쿠터 타고 나가요. 너무 더워요!"

"우리 잠깐만 바람 좀 쐬고 와요!"

와니의 오빠 아네스도 얼른 한마디 거들었어. 다음 주에 가는 수학여행 가방을 미리 싸놓느라 엄마한테 한참 잔소리를 듣고 있었거든. 오빠네 학교 학생들이 직접 계획하고 준비한 여행이래.

와니와 아네스의 성화에 가족들 모두가 스쿠터를 타고 나섰어.

엄마의 핑크색 스쿠터엔 와니가 타고, 아빠의 파란색 스쿠터엔 아네스가 탔지.

쭉 뻗은 길을 따라 두 대의 스쿠터가 나란히 달렸어. 시원한 바람에 와니와 엄마가 머리에 쓴 하얀 투둥이 펄럭였어. 이슬람 국가인 말레이시아에선 투둥을 쓴 여성들을 많이 볼 수 있어. 15분쯤 달려 와니네 가족은 쿠알라룸푸르 시내에 도착했어. 쿠알라룸푸르는 말레이시아의 수도야.

와니는 쿠알라룸푸르의 멋진 야경을 좋아해. 하늘에 닿을 듯 높이 솟은 페트로나스 트윈 타워와 시끌벅적한 야시장을 구경하다 보면 시간 가는 줄 모르거든. 오늘은 야시장에서 첸돌도 한 그릇 먹었어. 차가운 얼음에 달콤한 연유와 코코넛 밀크가 듬뿍 든 첸돌을 후루룩 먹으면 더위도 금세 가셔.

사실 오늘 와니가 잠들지 못한 건 더운 날씨 때문만은 아니었어. 기다리고 기다리던 와니의 생일이 바로 내일이거든. 하룻밤만 지나면 열세 살이 되는 거야. 이제 중학생이 되는 와니를 위해 부모님은 생일 파티를 크게 열어주기로 했어. 와니는 친구들과 옆집에 사는 엘라 언니도 초대했어. 엘라 언니는 와니가 입학을 앞두고 있는 학교에 다니고 있어.

'드디어 내일이다! 다들 와주겠지?'

혹시 아네스 오빠의 같은 반 친구인 하렌 오빠도 올지 몰라. 와니는 키 크고 잘생긴 하렌 오빠를 좋아해. 아무도 모르는 비밀이지만 말이야. 며칠 전에도 하렌 오빠가 집에 놀러왔는데 와니는 한마디도 나누지 못했어. 아네스 오빠랑 둘이 수학여행 얘기에 온통 정신이 팔려 있더라고. 도대체 얼마나 재밌는 여행이기에 그러는지 와니도 얼른 중학생이 돼서 오빠들 사이에 끼고 싶었어. 와니는 하렌 오빠가 오는 생일 파티를 상상하면서 스르르 잠이 들었어.

다음 날 오후, 와니네 집에는 맛있는 냄새가 가득했어. 아빠는 바비큐 통을 꺼내 뜨거운 숯을 넣고 와니가 제일 좋아하는 양고기 꼬치를 구웠어. 엄마는 새우를 듬뿍 넣은 볶음 국수 미고랭을 만들었어. 한껏 들뜬 와니도 제일 아끼는 옷을 꺼내 입었어.

"와니, 생일 축하해! 이제 곧 중학생이네!"

"고마워, 엘라 언니!"

와니는 친구들과 둘러 앉아 엄마, 아빠가 만든 음식을 맛있게 먹었어. 선물도 잔뜩 받고 하렌 오빠까지 축하해주러 와서 기분이 날아갈 것 같았지.

엘라 언니는 중학교에 입학할 와니를 위해 어깨에 맬 수 있는 작은 가방과 연필이 가득 든 필통을 선물했어.

"이거 우리 학교 매점에서 산거야. 너 미리 구경해 보라고."

와니는 엘라 언니가 사다준 선물이 마음에 꼭 들었어. 언니처럼 빨리 예쁜 교복을 입고 중학교에 가고 싶었거든.

"이 가방엔 운동복을 넣어 다니면 돼. 이번에 새로 매점에 들여놓은 거라 인기가 엄청 많아서 내가 겨우 하나 챙겨놨어. 총회 때 애들이랑 튼튼하고 예쁜 거 고르느라 엄청 오래 얘기 했다니까. 와니 너도 학교 협동조합 들어봤지?"

엘라 언니의 학교에선 학생들이 협동조합 매점을 만들어 운영하고 있어. 전교생이 매점의 주인이야. 조합원인 학생들은 직접 매점에 들여놓을 상품을 고르고, 매점을 어떻게 운영할지 회의도 해. 순서를 정해 돌아가며 매점에서 직접 물건도 판매하지. 선생님이나 부모님에게 의지하지 않고 말이야.

아네스와 하렌 오빠가 다니는 학교에도 협동조합이 있어. 이번에 떠나는 수학여행도 협동조합을 통해 계획했대. 학생들이 직접 여행 장소를 고르고, 가서 어떤 활동을 할지 골랐어.

중학교 생활을 궁금해 하는 와니에게 언니도, 하렌 오빠도 늘 학교 협동조합에 대한 얘기를 먼저 들려주곤 했어. 말레이시아에서는 열세 살이 되면 협동조합의 조합원이 될 수 있거든.

"그럼 나도 입학하면 언니랑 협동조합 같이 할 수 있는 거야? 어떻게 생겼는지 궁금하다."

"할 수 있지. 우리 학교 학생 모두가 조합원이니까. 너랑 나랑 매점에서 같은 날 당번으로 일할 수도 있겠다."

와니는 엘라 언니의 얘기에 살짝 걱정이 됐어. 학급회의 시간에도 얼굴이 금세 빨개져서 고작 몇 마디도 잘 못하거든. 엘라 언니나 오빠들처럼 잘하지 못할 것 같은 생각이 들었어.

"너 교과서랑 교복 받으러 학교 오는 날 있지? 그때 내가 매점 구경시켜줄게."

와니는 엘라 언니의 제안에 솔깃했어.

교과서를 받으러 가는 날, 와니는 엄마와 스쿠터를 타고 학교에 갔어. 큰 가방을 챙겨간 엄마는 와니에게 맞는 교복 사이즈를 찾고, 급식비를 내느라 정신이 없었어. 와니도 들뜬 마음으로 이리저리 주변을 둘러봤어.

"딩-딩-!"

쉬는 시간인지 종이 울리고 고학년 학생들이 교실에서 나왔어. 투둥을 쓴 여학생들 사이에서 엘라 언니가 와니를 향해 손짓했어.

"잠깐 매점 구경 가자. 너 궁금해 했잖아."

와니는 엘라 언니를 따라 2층에 있는 매점으로 갔어. 매점은 평소 거리에서 보던 가게와 다르지 않았어. 여러 사이즈의 학교 운동복이 걸려 있고, 연필, 공책 등이 가지런히 진열되어 있었지. 또 학생들이 좋아하는 말린 과일, 젤리 등 간식거리도 있었어. 계산대에서 와니 또래의 학생들이 물건을 계산해주고 있는 거 빼고는 어른들이 하는 가게와 똑같았어. 와니는 이런 매점을 학생들 손으로 운영한다는 게 신기했어.

친구들과 짝을 지어 나온 학생들은 신나게 떠들며 매점에서 물건을 골랐어.

"내가 간식 사줄게, 골라봐. 집에 가면서 엄마랑 먹어."

와니는 학생들 틈에 끼어 간식을 골랐어. 마치 자기도 방금 교실에서 수업을 듣고 나온 기분이었지.

"언니, 고마워. 잘 먹을게. 나도 빨리 학교 다니고 싶어."

와니는 엘라 언니와 나란히 계산대에 서서 친구들에게 물건을 파는 모습을 상상했어. 친구들과 둘러앉아 올해는 어떤 물건이 학생들에게 필요한지 회의하는 모습도 떠올려봤지. 수학여행 얘기를 열심히 나누던 하렌과 아네스 오빠처럼 말이야. 잠깐이지만 와니는 진짜 중학생이 된 것 같은 기분이 들었어.

와니가 입학하면 학교 협동조합에서 어떤 일을 하게 될까? 회의는 어떻게 열릴까? 매점 말고도 와니와 조합원들이 같이 해볼 수 있는 일엔 어떤 게 있을까?

호기심 가득한 와니의 눈이 반짝반짝 빛났어.

학교 협동조합의 나라, 말레이시아

세계에는 다양한 종류의 협동조합이 있어. 각 협동조합의 조합원들은 여러 가지 사업을 해. 로치데일 협동조합처럼 직공들이 함께 상점을 운영하기도 하고, 썬키스트 협동조합처럼 농부들이 모여 오렌지를 공동으로 유통하기도 해.

협동조합은 우리한테 아주 가까운 곳에도 있어. 바로 학교야. 학교 협동조합에는 학생들이 조합원으로 참여해.

와니가 살고 있는 말레이시아는 학교 협동조합이 활발하게 운영되고 있는 나라 중 하나야. 1968년부터 아홉 개의 학교가 시범적으로 협동조합을 만들었고, 현재는 2,200개가 넘는 학교 협동조합이 있어. 말레이시아 전체 협동조합 중에서 20퍼센트가 학교 협동조합이야. 꽤 많은 숫자지?

말레이시아에서는 열세 살이 되면 조합원이 될 수 있어. 열세 살 생일을 보낸 와니도 이제 조합원이 될 수 있는 거지. 엘라 언니와 아네스, 하렌 오빠처럼 말이야.

말레이시아 학교 협동조합에서는 선생님이나 부모님들의 참여 없어. 학생들 스스로가 협동조합을 꾸려나가. 과연 학생들은 학교 협동조합에서 어떤 활동을 하는 걸까?

우리도 할 수 있어요!

말레이시아 학교 협동조합에선 다양한 일을 해. 와니가 다니게 될 학교처럼 매점을 운영하거나, 수학여행을 계획하고 진행하기도 해. 이밖에도 텃밭을 함께 가꿔 농작물을 기르는 일도 하지.

지금부터는 학생들이 어떻게 협동조합을 운영하는지 자세히 알아볼 거야. 매점을 예로 들어볼게. 우선 조합원 학생들은 함께 의견을 나누고 중요한 결정을 내릴 조직을 만들어. 투표를 통해 대표자들을 뽑아 이사회를 만들지. 이 이사회는 오직 학생들만으로 구성돼. 부모님이나 선생님 없이 말이야. 전체 조합원이 참여하는 총회도 열어. 총회에서는 토론을 하며, 매점 운영으로 번 수익을 어떻게 쓸지 등을 결정을 해. 모든 학생들이 매점의 주인이니까.

매점에 어떤 물건을 들여놓을지도 조합원들이 함께 결정해. 학생들에게 필요한 물건이 무엇인지, 어떤 물건이 더 품질이 좋고 가격이 저렴한지 꼼꼼하게 비교하면서 말이야. 그리고 실제로 학생들은 돌아가면서 매점에서 물건을 판매하고 정리하는 일도 해. 친구들에게 간식과 학용품을 팔고, 열심히 필기한 종이를 코팅해 주기도 하지. 학생들은 계산대에서 직접 물건 값을 받고 또 거슬러 줘.

와니처럼 처음 참여하는 학생들이 바로 이사회에 들어가 활동하기는 어려워. 경험해본 적 없는 새로운 일을 처음부터 잘하기는 어려운 거니까.

하지만 매점에서 물건을 구입해 보고, 총회에 참석하다 보면 학교 협동조합에 대해 차근차근 배울 수 있어. 회의를 할 때면 남들 앞에서 말하기가 부끄럽다는 와니도 크게 걱정할 필요가 없어. 총회에서 다른 조합원들의 이야기를 열심히 듣고, 조금씩 자신의 의견을 말하는 연습을 하다 보면 와니도 곧 적극적으로 활동하는 조합원이 될 수 있을 거야.

학교 협동조합의 도우미, 앙카사

앙카사는 말레이시아의 협동조합들을 대표하는 단체야. 협동조합을 널리 알리고, 성공적으로 운영할 수 있도록 지원하지. 앙카사는 학교 협동조합들에게도 많은 도움을 주고 있어. 가장 집중적으로 도움을 주는 부분은 교육이야. 협동조합을 학교에서 어떻게 운영하면 되는지 다양한 교재와 프로그램을 만들어. 조합원들끼리는 어떻게 해야 원활하게 소통할 수 있는지, 회의는 어떻게 진행하고, 회의가 끝난 후 토론한 내용을 어떻게 기록해야 하는지 등에 대한 교육 자료를 제공해. 실제로 학교 매점을 어떻게 운영해야 하는지에 대해서도 정보를 줘. 물건을 구입해서 진열하고 판매하는 법 등을 자세히 알려주지.

이런 앙카사의 교육은 학생들에게 큰 도움이 돼. 선생님들도 교육 내용을 공부해서 학생들이 협동조합을 잘 운영할 수 있도록 조언해줘. 또 교육을 통해 학교와 학생들 모두 협동조합을 시작할 때 느끼는 부담을 덜어주기도 하지. 잘 알지 못하는 것을 시작하려면 걱정이 앞서는 법이니까.

앙카사는 학교 협동조합 매점에서 판매할 수 있는 물건들의 목록도 제공해. 연필, 공책 등의 학용품과 운동복 그리고 간식거리까지도. 여러 매점들이 각각 학용품이나 간식 공급 업체들과 가격을 협상을 하는 건 어렵기 때문에 앙카사가 대표로 가격 협상을 해. 이렇게 앙카사를 통해 공동구매한 저렴하고 품질 좋은 물건들은 각각의 학교 협동조합 매점에 진열돼.

값진 배움의 장소, 학교 협동조합

학교 협동조합에서는 다른 지역에 있는 학교를 찾아가는 여행 프로그램도 진행하고 있어. 이것도 앙카사가 만들어 보급한 프로그램 중 하나야. 예를 들어 쿠알라룸푸르에 있는 학교 협동조합이 페낭에 있는 학교로 여행을 간다고 생각해 볼까? 페낭의 학교 협동조합은 방문할 학생들을 안내해야 해. 그래서 조합원들은 페낭의 지역과 문화 그리고 역사를 공부해. 가이드가 되어 방문할 학생들에게 설명해 주어야 하니까.

반대로 페낭 학교 협동조합이 쿠알라룸푸르로 여행을 가면 그곳의 학교 협동조합 학생들이 가이드를 맡지. 쿠알라룸푸르의 역사와 문화에 대해 열심히 공부하고 나서 말이야. 이와 같은 여행을 통해 각각의 조합원들은 자신의 지역에 대해서도 공부하고, 다른 지역에 대한 정보도 얻을 수 있어. 학생들이 학교 협동조합을 통해 여행도 하고 동시에 공부도 하는 거지.

학교 협동조합이 처음 만들어졌을 때는 협동조합 활동이 학생들 공부에 방해가 된다고 생각하는 사람들도 있었어. 수학과 영어 같은 과목을 공부하기도 바쁜 때에 회의에 참석하고, 매점에서 물건을 판매한다고 생각했거든. 하지만 학생들은 협동조합 활동을 통해 많은 것을 경험하고 배워. 총회에 참석해 다른 조합원의 의견을 경청하는 연습을 하고, 자신의 의견을 조리 있게 발표해 보기도 하지.

또 실제로 물건을 구입하고 매점을 운영하면서 경제 활동을 직접 체험해 보기도 해. 단순히 책으로 보거나 전해 듣는 이야기가 아닌, 스스로 돈을 계산하고 물건을 팔면서 생생하게 배우는 거지. 학교 협동조합은 학생들에게 스스로 생각하고 행동하게 하는 또 다른 교실이야.

 한눈에 보는 '말레이시아 학교 협동조합'

2,200개가 넘는 학교 협동조합이 전국에서 운영되고 있어요.

말레이시아 학교 협동조합

협동조합 운영에 관한 교재와 교육 프로그램을 제공해요.

스스로 협동조합을 운영하며, 매점 운영, 수학여행 기획 등 다양한 활동을 해요.

협동조합전국연합체
앙카라

조합원 학생들

학생들을 격려해요.
협동조합 운영에는
참여하지 않아요.

선생님과 학부모

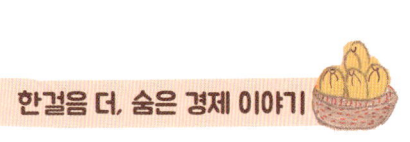

우리나라 학교 협동조합 – '복스쿱스 Bok's Coops'

우리나라에도 학생들이 운영하는 학교 협동조합이 있어요. 2013년 경기도 성남시에 있는 복정고등학교에 학교 협동조합 '복스쿱스 Bok's Coops'가 문을 열었지요. 복스쿱스는 학생들의 건강을 해치지 않는 친환경 먹을거리를 판매하는 매점이에요. 전교생의 절반 정도 되는 350여 명의 조합원과 선생님, 학부모들이 참여해 협동조합을 시작했어요.

복스쿱스에서는 수익을 더 많이 남기기 위해 학생들에게 영양가 없고 칼로리만 높은 질 낮은 간식들을 팔지 않는답니다. 과자나 빵 등 매점의 먹을거리 중 80퍼센트는 국내산 재료로 만든 것들이에요. 식품첨가물도 들어 있지 않아요. 매점에 새 상품을 들일 때에는 시식회를 열어 조합원들의 의견을 듣는답니다.